LOCUS

LOCUS

MYTH

Myth 03　重擔

Weight

作者：珍奈・溫特森 (Jeanette Winterson)
譯者：穆卓芸
責任編輯：李芸玫
美術編輯：楊雯卉
法律顧問：全理法律事務所董安丹律師
出版者：大塊文化出版股份有限公司
台北市105南京東路四段25號11樓
www.locuspublishing.com
讀者服務專線：0800-006689
TEL：(02) 87123898　FAX：(02) 87123897
郵撥帳號：18955675　戶名：大塊文化出版股份有限公司

總經銷：大和書報圖書股份有限公司　地址：台北縣五股工業區五工五路2號
TEL：(02) 89902588 (代表號)　FAX：(02)22901658
排版：天翼電腦排版印刷有限公司　製版：源耕印刷事業有限公司
初版一刷：2005年11月

定價：新台幣220元
Printed in Taiwan

WEIGHT
重擔

Jeanette Winterson◎著
穆卓芸◎譯

CONTENTS

目次

給黛柏拉·華納，她卸除了我的重擔

沉積物落在海底，一層疊著一層，經過漫長的時間，最後成了沉積岩。

生成的沉積岩通常有著一道道岩帶，也就是層理。越底下的岩層，年代越久遠。

岩帶裡常常可以見到動植物的化石。這些動植物死亡當時，層理正好形成。

一道道沉積岩就像一張張書頁，層層紀錄著當時存在的生物。只可惜，這樣的紀錄根本説不上完整。沉積過程無論發生在何處，都會被新的地質年代打斷，不是沉積物未能落到海底，就是原有的沉積物遭到侵蝕。而當岩層受力扭曲或生皺褶，先前沉積的層層岩帶就更模糊難辨了。有時，造山運動之類的巨

大地質變動甚至會將沉積岩層整個翻轉過來……

一道道沉積岩就像一張張書頁……

層層紀錄著當時存在的生物

……

只可惜，這樣的紀錄根本不完整……

這樣的紀錄根本不完整……

我想把故事重講一遍

序

選主題就和挑愛人一樣，是很私人的。促成決定（說「好」的那一瞬間）的，是更深邃的東西：認識。我認得你，之後在夢裡或來生，甚至是咖啡館的驚鴻一瞥，我又認出你來。

驚鴻一瞥、跡象、徵兆或回憶，將我們和主題無意識地連結起來，直到日常生活的某一刻揭開主題的面紗。

得知要挑一個神話來寫的時候，我才發現自己早就選好了。電話還沒結束，亞特拉斯扛起世界的故事便已經在我心裡浮現。沒有這通電話，我根本不會寫這篇故事。但電話來了，故事也就等著我把它寫下。

是重寫。因此《重擔》背後不斷重現的題旨就是：我要把故事重講一遍。

在我的作品裡，新瓶裝舊酒的形式隨處可見。我喜歡拿大家自認爲熟悉的故事，再用不同的方式說它。故事每重講一次，就會出現新的重點、新的偏好。而重新排列關鍵元素的同時，也需要在舊文本裡放入新素材。

《重擔》講的遠遠不只是亞特拉斯接受懲罰，還有赫丘力士將世界從亞特拉斯肩上卸下，讓他暫時喘息。我還想探索寂寞、疏離、責任、負擔，還有自由。因爲我筆下的亞特拉斯有個非常特別的結局，其他地方都找不到。

當然，我是按自己的處境來寫這個故事，也只能這樣。

《重擔》講的是一個人的故事，跟大家知道（由我重寫）的那個神話有段距離。我用第一人稱來寫《重擔》，其實我的作

品幾乎都是第一人稱，自然讓人以爲有自傳的味道。

自傳與否不重要，眞實才是重點。作者必須將自己鎔鑄到文本裡，將不同成份焊接起來。我認爲，寫作的過程中一定有自我剖白，也有脆弱。然而，作品不是告解，不是回憶錄，作品是眞實，如此而已。

現在的一般大衆，只曉得一味地看那些所謂眞實的東西。實境電視和追蹤挖掘線索寫就但卻只能算寫得很差的紀實小說，或好一點的像眞人眞事的節目、傳記和「現身說法」，已經奪走想像力過去擁有的地位。

現在的現象說明了，現代人對內在生活、對崇高、詩意、非物質和沈思的恐慌。

爲了反抗這一切，作者如我，只要相信故事的神話力量（而非解釋力量），相信語言不只是資訊，就應該效法齊格菲（Siegfried，編按：華格納歌劇「尼布龍指環」中的一個神話人物）在萊茵河逆流而上一樣，抵抗這股「嗜眞」潮流。

對說故事來說，神話系列這個主意眞是太棒了——爲了神話重說神話，尋找其中關於人性的永恆眞理。而我們能做的就是不斷說下去，希望有人聽見，希望在無止盡的新聞號外和名人緋聞的紛擾夢魘之外，還能聽見其他聲音，述說心靈生命和靈魂旅程的聲音。

是的，我想把故事重講一遍。

1

我想把故事重講一遍

自由的人從來不曾想過要逃走

太初無物，一片空無。時間、空間都不存在。就算宇宙朝我迎面扔來，我也能一手抓住。宇宙尚未出現，沒什麼負擔。快樂的「空無」狀態在十五紀元①前嘎然而止。那一刻非常奇特。現在我所知道的一切，全是從輻射波的竊竊私語裡聽來的。但聞瞬間巨響，一切復歸靜默，只留下輻射波輕聲嚷嚷。

在你體內都是些什麼？死的東西，時間，千年千年的光影構成的圖樣，在你體內。在你們每一個體內，分分秒秒都有數百萬的鉀原子屈服、衰變。打從星球般大小的炸彈爆炸，從無生有的那一刻起，驅動這些微小衰變的能量便已拴在鉀原子

裡。鉀和鐳、鈾一樣，都是超新星爆炸殘留下來的放射性核廢料，壽命甚長。而超新星爆炸，造就了你。

星球是你最初的母親。

那時熱得像地獄。說地獄並不爲過，畢竟地獄正是我們所愛的生命無法生存的地方，不是嗎？無盡延燒的大火，暴烈如火山的折磨，都是寓居在我們體內最深沉的恐懼。我們用已知的事實創造了地獄。地獄是，不曾，不是，不能。早在生命出現之前，科學家便已將這裡稱爲世界了。他們說那是如地獄般的時代②。其實（科學家說得沒錯）生命當時已經開始了，因爲生命不只是生殖繁衍。在熾烈飛濺的岩漿中，在迸發四射的

石塊裡，生命渴望著生命。原生的，幾近的，可能的生命。不是金星，不是火星，是地球。

地球是那麼渴望生命，終於得著了生命。

又過了數十億年，奇蹟出現了（至少我這麼認爲。能讓故事整個改寫的意外事件，我都稱爲奇蹟）：地球有了微生物。雖然缺乏氧氣，但當時氧氣可是致命毒素。而後，一場革命就此展開，儘管無聲無息，威力卻像星球爆炸一般驚人：新的微生物「藍綠藻」在地球出現，開始行光合作用，而光合作用的副產品之一，就是氧氣。從此地球有了新的大氣，而接下來發生的事，全是歷史了。

其實也不盡然。我還能跟各位說說寒武紀的天眞樂觀：當時峰巒迭起，猶如草地滋生雛菊。還有志留紀那一段屬於海星和腹足動物的幻夢時光。約在四億年前，最早的陸上動物甩掉了鰭和鱗甲上的海水，離開綿延千里的溫暖珊瑚潟湖，爬上岸來。三壘紀和侏儸紀是恐龍的世紀。恐龍是很有效率的殺人武器，那時就和夢魘一般稀鬆平常。之後，距今三、四百萬年前，全新的物種出於機緣巧合來到這個世界。當中除了長毛象，還有什麼？看那樣子，是人類嗎？

這一切讓地球嘆爲觀止。她每每以既陌生又新奇的眼光看著自己。她從來摸不淸自己的下一步，也猜不出下一個驚喜會

是什麼。但她喜歡那樣的風險，那樣的隨機，那種千載難逢才成爲樂透贏家的機率。人們總是將成功視爲理所當然，把失敗忘得乾乾淨淨。可地球不會忘。地球看來顯然無庸置疑地就是那筆高額彩金。地球就像是寫著幸運數字的藍色彩球。

看看四周，列張單子吧。岩石、砂礫、土壤、果樹、玫瑰、蜘蛛、蝸牛、青蛙、魚、牛、馬、雨水、陽光、你，和我。這是項偉大的實驗，名稱就叫「生命」。試想，還有什麼比生命更難意料？

所有的故事都在這兒了，沉積在這兒，封存在化石裡。世

界這本大書處處打開著，編年紀事只是紀錄的一種方法，而且不是最好的一種。時鐘不是時間。就連石塊裡的原子鐘和生物體內的DNA，也只能將時間當成故事來說。

宇宙像炸彈爆炸的時候，也像炸彈一樣開始滴答作響。我們知道，太陽再過幾億年就會衰亡，屆時所有光芒都會熄滅，再沒有人可以閱讀。

「告訴我是什麼時候，」你說。其實你的意思是「跟我說故事」。

接下來要說的，是我始終放不下的故事。

2

世界重擔

海神普塞頓是我父親，地母娥斯是我母親。

父親喜歡母親堅毅的體態，喜歡她的輪廓和曲線。在她身旁，他總是非常清楚自己的位置。母親堅定、明確、實在、線條分明。

母親愛父親，因爲他不知界限爲何物。他的力量猶如潮汐般起伏，他掃蕩一切、擊沉一切、淹沒一切，又重塑一切。海神人如洪水，全身充滿力量。他深沉，時而清明，但從不停歇。

我的父母孕育出了許多生命。他們其實就是生命，生命就是他們。創造有賴他們，早在空氣和火出現之前，創造便開始仰賴我的雙親了。他們承擔如此之多，也擁有如此之多，他們無法抗拒彼此。

他們倆都很善變，父親就已經很明顯了，不過母親的善變卻更教人吃驚。她像岩石般沉著，生起氣來卻烈如火山；她像沙漠般安靜，地底下卻暗潮洶湧。母親在房裡摔盤子，盤子落地碎成片片，全世界都感受得到。一個刺激可能讓父親霎時就可以氣沖斗牛，母親卻要幾天、幾週甚至幾個月的時間，抱怨、低吼、顫抖，直到怒氣撕裂震垮整座城市，教人類像幼蟲般順服。

人類……他們永遠不知何時會大難臨頭。看看龐貝古城就好了。您瞧，那些船屋裡的人坐在椅子上，都已經化成了骷髏，臉上卻都還帶著燒成焦炭的錯愕神情。

父親追求母親，母親熱情回應。父親爲人殷勤，遊戲人間，他總在明亮的藍色淺灘上守候母親，忽前忽後，時遠時近。父親每回抽身離去，都會在母親岸上留下小禮物，或許是一片珊瑚、一扇珍珠貝，或旋曲如夢的貝殼。

有時父親出外遠行，母親總是思念著他，只見擱淺的海魚大口呼吸，竭力喘息。而後父親再次覆滿母親，兩人一塊兒成了人魚。父親雖然力量驚人，身上卻始終有著女性化的一面。地水同源，這就跟火與風跟他們恰恰相反是一樣的。

母親愛父親，因爲他讓她看見自己·，他是她的一面活動鏡。他帶她周遊世界，遊歷她自身化成的那個世界，並將它高高舉起，好讓她瞧個明白，瞧見她地森林、懸崖、海岸和原始

大地的美麗。對父親來說，母親是天堂，也是恐懼，而他兩個都愛。他們倆一塊兒到人跡未至、唯有他們能去的地方，到只有他們能抵達的地方。父親去哪，母親就在哪兒，溫柔束縛他，嚴肅提醒他，大地和覆蓋著大地的海洋。父親也知道，儘管他無法完全覆蓋母親，但是母親卻永遠在他底下支持著他。雖然他力大無窮，母親卻更強壯。

我呱呱墜地，生來便是個泰坦人，半人半神，是巨人族裡的一個巨人。我在島上出生，在這島上，父親能趴在母親身上一天一夜，滲入她每處縫隙，之後才翻身離去。我是兩人漫長歡愛的結果，身上注定混合他們倆致命的性格。我狂暴一如父

親，惆躇猶似母親。我總是行事突然，卻事事不忘，然而有時寬容，又讓同情心洗去記憶。我懂眞愛，也懂假愛。我的善良天性讓我易受欺騙。我和兄長普羅米修斯都因逾越本分遭受責罰。他偷火，我是爭取自由。

界限，又是界限在作祟。

我把故事說了又說，雖然總能找到不同的結局，圍牆卻未曾倒塌。我的生命早就劃定了界限，這裡、這裡和這裡。我能改變形狀，卻逃出不去。我試著穿越，也似乎找著了路，到了出口卻發現哪兒都不是。我只能往回退，貼著自己的界限。

這就是身體，一個封閉的單元，從外頭小心翼翼擷取生存所需，同時頑固抵擋任何微生物入侵。這就是身體，它的疆界

只有死亡的時候才會放寬，但此時進出身體的自由已不再有任何意義。死亡使我終究能與世界合一，而我卻已毫無所覺。

這就是身體。我的身體是個小世界，我就是宇宙，是所有的一切。但我（的身體）又是那麼自外於一切，那麼空無，空無之外還是空無。空無封住了空無。

誰也沒想到，空無竟然會是這樣：空無非常沉重。

故事其實很簡單。我有一座農場，一群牛，有葡萄園，還有幾個女兒，家住亞特蘭提斯。亞特蘭提斯是母親和父親的結晶，豐饒和壯麗的完美結合。泰坦人從不卑躬屈膝，連對宙斯也不。宙斯的雷電對我們來說，不過是個遊戲。

我要黃金珠寶的時候，就問母親放在哪裡。而她就像世上其他母親一樣寵我溺我，總會帶我到她秘密的礦藏和地底的洞穴。

當我要給女兒鯨魚、港口或掛滿海魚珍珠的漁網，我便去找父親。父親尊敬我，待我有如平輩。我隨他一起鑽入海中，潛入並衝破海底的溫泉。我同他游過沉船的殘骸，陪他馴養海豚。陸地海洋都是我的家。亞特蘭提斯毀滅的時候，我甚至有些高興，失去的不過是雙親一次擁抱的成果而已。我生也空無，又復歸空無。我也希望如此。

界限，又是界限在作祟，永遠渴望無限。

我造了一座有圍牆的園子，它是我的帖門諾斯③，我的聖所。我徒手舉起巨石，小心堆砌圍牆，有如牧羊人般謹慎，同時在牆面留下小縫，好讓空氣流通。密實的牆反而容易倒，我母親夢裡一個翻身就夠瞧了。在仔細搭建的牆上留下看不見的空隙，讓強風吹得過，這樣牆底土壤震動的時候，空隙便會吸收震動，牆就站得住。給牆力量的不是石塊，而是石間的「空」隙，我真覺得是開我玩笑。我費了那麼多力氣，那麼多功夫，牆靠的卻是個「空」。讓我再強調一遍：空。

我這座園子很有名，由我女兒，也就是海絲佩拉蒂，她們

負責看管，因此四方遠近都稱它爲海絲佩拉蒂園。園裡除了一般常見的果樹，還有一株奇珍異果。我母親在女神希拉婚禮當天，送了她一株金蘋果樹。希拉愛極了這樹，便要我替她照料。

我聽人說過，這樹結的果實是純金的；正因如此，才需要有人小心看管。人總以爲自己喜歡的東西，別人也會垂涎。戀金者不但渴求金子，更惜金如命，儘管性命其實比任何金屬還要珍貴。我母親不需要金子，那希拉呢？她要金子做什麼？老實說，這樹美就美在它是活生生的。樹的果實很小，散發鳳梨的香氣，寶石般粒粒鑲在枝幹上，掩藏在墨綠色的葉簇裡。這樹是獨一無二的，立在園子正中，希拉每年都會前來採擷她的收成。

一切都好，起碼我這麼覺得。直到一回希拉氣沖沖上門，嚇得我搬出一堆藉口，避避風頭。

原來我那群女兒一直在偷吃這些神聖的果子。然而能怪她們嗎？誰教這樹散發甜香、結實纍纍，樹下青草又讓傍晚的露水沾濕了呢？女孩兒們赤著雙腳，又渴著一張嘴，她們終究是群姑娘。

我是覺得沒什麼，不過神祇就是佔有慾強，老是疑心別人覬覦祂的東西。於是希拉便差派拉冬前來看管蘋果樹。您瞧，牠就在那裡，有一百個頭，兩百隻舌，盤著身子在那兒虎視眈眈。大白天的，牠卻活脫是個暗夜夢魘。儘管牠也出自我母親，生於她的一場惡夢，但我就是恨牠。

我被趕出園子的時候，心想不會有比這更沉重的事落在我身上了。

我錯了。

我們泰坦人並不想和諸神爭戰，不打最好。關於這場戰爭各方說法不一，但有一點是肯定的，就是雙方最初是爲正義而戰，後來卻成了爲戰而戰。這仗一打就是十年。

有人說我父親是天王優拉諾斯，說我和我那群兄弟，尤其是時間之神克羅諾斯，陰謀攻擊父王，還將他給閹了。克羅諾斯確實割了優拉諾斯的生殖器，篡奪權位。克羅諾斯有個兒子叫宙斯，這也沒錯。後來歷史重演，宙斯又再推翻父親，控制

了天界。宙斯有兩個兄弟，冥王黑底斯和普塞頓。宙斯成為天界主宰，普塞頓在浪濤中建立自己的國度，黑底斯心滿意足地藏身在他的地底王國，至於大地則留給了人類。

攻擊清幽的亞特蘭提斯，就是人類。而協助他們誅殺我族的不是別人，正是宙斯。我僥倖逃脫，從此加入對抗天界的爭鬥。我在戰場上奮勇爭先，帶頭作戰，因為我什麼都失去了，無所畏懼。失去一切的人什麼都不怕。

戰事漫長，同袍大多陣亡了，而我性格莫測的母親竟然答應讓宙斯得勝。泰坦人最後只得流亡到不列顛，那兒的岩石又冷又貧瘠，比死亡更加險惡。諸神讓我保有神力，但你也可以說，他們這麼做其實是為了給我懲罰。

因爲我愛地球，因爲地球上的海洋並不會讓我恐懼，因爲我已知悉星球的位置和星宿的軌跡，因爲我夠強壯，因此我得到的懲罰就是用雙肩扛起宇宙柯斯摩斯。我得扛起重擔，肩負整個宇宙、其上的天空和地下的世界。一切一切都得由我擔下，卻全不歸我掌控。這龐然巨荷加之於我，限制了我，成爲我的界限。

你問我渴望什麼？

無限。

受刑日當天。

諸神齊聚一堂，女神在左，男神在右。你可以見到狩獵女神阿提米絲紮個馬尾，正在活動筋骨，一邊玩弄手上的弓，免得和我眼神交會。我們過去是朋友，曾經一起打獵。

希拉也在。滿臉輕蔑，心不在焉，一副事不關己的模樣，反正出事的不是她。

還有信差之神赫密士，臉色蒼白，神情忐忑不安，他最討厭麻煩。火神黑帕斯圖斯懶洋洋地挨著他。黑帕斯圖斯是希拉的兒子，一個壞脾氣的瘸子，不過他打造金飾手藝傑出，所以大家都讓他三分。黑帕斯圖斯對面站著他的妻子愛神阿芙羅黛蒂。阿芙羅黛蒂嫌惡黑帕斯圖斯的身體。我們每個人都佔有過阿芙羅黛蒂，但還是拿她當處女。她向著我微笑，這些人裡頭

就只有她敢……

宙斯詔告他的敕命：亞特拉斯、亞特拉斯、亞特拉斯。其實看我名字就明白了，我早該知道才對：我名叫亞特拉斯（Atlas），意思就是「恆久受難」。

我彎下腰，左腳屈膝，胸口抵住右腿，同時低頭伸出雙手，手心向上，那姿勢簡直就像投降。但誰能強壯到掙脫自己的命運？誰又能擺脫自己註定成爲的模樣？

敕命下達之後，數隊牛馬便開始使勁拖著柯斯摩斯拉扯前進，彷彿拖著圓犁。隨著巨球犁過永恆，落下片片時間，有的落在地球成爲禮物，爲人帶來預知未來和穿梭陰陽界的能力，有些高高拋到天界，打出幾個黑洞，黑洞裡過去和未來相互交

織。時光碎屑潑上我的小腿和大腿上的肌腱，世界還沒開始，我便已感受到它的存在，而未來它將限制我，使我永遠在這裡待著。

柯斯摩斯離我越來越近，我的背部一陣灼熱，我感覺世界頂住我的腳掌。

接著，天地不發一聲滾上我的背，我用雙肩將之扛起。

我險些不能呼吸，頭也抬不起來。我試著挪動身子，想開口說話，卻瘖啞無言，不動如山。衆人很快便喊我「亞特拉斯山」，卻不是因爲我神力過人，而是我沉默不語。

我脖子第七節頸椎痛得厲害，身體柔軟的部分也越來越僵硬，可以預見的悲慘未來正一步步奪去我的生命。時間就是梅

杜莎④，慢慢將我化成頑石。

我全身麻痺，動彈不得，渾然不知自己在這裡蹲踞了多久。

後來，我總算聽見什麼。

我發現只要耳朵挨近世界，什麼都聽得清楚。我可以聽見人類交談，鸚鵡學舌，驢子咿哦，聽見地底水流的奔騰和柴火的嗶剝。所有聲響後來都有了意義，我很快便開始解讀肩上的世界。

你聽，這村裡住了百來人，清晨趕牛上牧場，到了傍晚再領牛群回家。另一處，有個跛腳女孩肩上挑了幾個桶子，不規則的碰撞聲使我知道她瘸了腿。還有個男孩正在射箭，唰！唰！

將箭射向獸皮做的標靶。一旁，男孩的父親正在拔開酒甕的栓塞。

你聽，遠方有群人正在追趕大象。彼處有位少女化身爲樹，嘆息凝成樹的汁液。

有人正沿著碎石坡往上走，一雙靴子踏鬆了腳下的地。男子趾甲磨損得厲害，筋疲力竭癱倒在小麥草上，大喘幾口氣，便睡著了。

我可以聽見世界正要開始。時間爲我往回倒轉：我能聽見羊齒植物從沉睡中醒來，舒展身子，聽見池水裡湧動著生命的浮沫。我明白自己非但扛著這個世界，還同時扛著所有的可能世界。我扛著世界，在時間中，在空間裡。我扛著世界的過錯，

也扛著它的榮耀，扛著它的潛能，也扛著它所實現過的一切。

當恐龍在我髮間踽踽爬行，當火山爆發在我臉上留下點點疤痕，我赫然發現，我就在自己的負荷裡，成爲它的一部分。再也不是亞特拉斯和世界，就只有一個「亞特拉斯世界」。在我身上遊歷吧，因爲我就是大陸，我就是你必經的旅程。

你聽，有人正在說故事。故事提到有個傢伙將世界扛在肩上，聽的人都笑了。這種事只有酒鬼和小孩才會相信。

人就是這樣，感覺不到就不相信是眞的，連我都差點懷疑

起自己了。每晚臨睡前，我總希望隔日醒來從此消失無蹤，但沒有一次實現過。單膝前傾，另一膝彎曲，我扛著世界。

3

赫丘力士

赫丘力士從暗處走了出來，他方才一直在那兒偷聽。咱們的「世界英雄」身披獅皮，一手揮舞橄欖棒，走上前來。

「亞特拉斯，你這老渾球，來喝點酒吧。咱們都有重擔要扛，你的懲罰是揹宇宙，我嘛是為白癡做牛做馬。」

「能怪誰呢？」亞特拉斯說道：「不能怪你父親宙斯，要怪只能怪你繼母希拉。」

「這是命運，怪不得誰，」赫丘力士說道：「你名字的意思是『恆久受難』，我的是『希拉的榮耀』，不過怎麼解釋得看情況而定。天底下有哪個女人會疼她丈夫的私生子？我是父王宙斯的兒子沒錯，但我母親阿坎美是個凡人，於是宙斯只好用

騙的，讓希拉哺乳餵我，弄得她老大不爽。女人不喜歡生人靠近她奶子。」

「她派毒蛇要把你給殺了。」

「毒蛇我在小茅屋把它勒死了。那時我還小，還不懂得記恨。」

「後來她就把你逼瘋了。」

「給女人逼瘋的男人多得是。」

「只有瘋子才會到這兒來。」

「我來是想請你幫個忙。」

幫忙。他到天地的樞紐找人幫忙。天地在此相會，相互交疊，邊貼著邊。而赫丘力士的血肉之軀裡安著一個神祇。雙重

天性的赫丘力士到雙重之處找人幫忙。

「什麼忙?」

「說來話長。」

「我又走不開。」

「嗯,」赫丘力士說道:「既然你擁有世界上所有的時間,我就開始說吧。」

人生來就不忠實。這不是人的錯,誰也不能怪天性「設計不當」。罵人不忠實就像埋怨水濕一樣,毫無意義。有哪個人或神是知足的?知足都是那些不如人或神的。

阿坎美很美。因此某天夜裡，宙斯匆匆交代月亮幾句，便假扮成阿坎美的丈夫，將她弄上了床。那一夜持續了整整三十六個小時。宙斯給了阿坎美歡愉，歡愉後來變出個孩子。宙斯偷腥讓希拉勃然大怒，爲了保我一條小命，宙斯騙過希拉，讓她給我哺乳，就這麼一次，我便長生不死了。從此希拉傷得了我，卻不能眞的害我，但其實她就愛羞辱我。

女神也是女人。

我年輕的時候有點跩，見誰殺誰，不然就連匈帶搞，剩下的全部吃掉。總之，希拉決心把我逼瘋，而我也眞瘋了，六個小孩，親生的，一口氣全被我給殺了。我很後悔。那時我還殺了一帳蓬的人，我連他們的名字都不曉得。亞特拉斯，這樣不

好，我知道。之前就算喝得大醉，我還是很有分寸。於是我跑去戴爾菲⑤神殿想祈求寬恕。神殿裡的女祭司命令我做優里斯瑟斯⑥的僕人。沒錯，就是那個呆頭呆腦、愛耍小聰明、渾身酒臭的優里斯瑟斯。算是補償，你知道。我得按他吩咐聽命行事十二年，就算他弱我強也沒得商量，就算我吐個口水就能把他殺了，還是得聽他的。誰教他是我主子？爲了幫他掙面子，我殺了尼米亞的獅子⑦、幹掉海德拉⑧、捉到阿提米斯的金角雌鹿、逮住世上最大的公野豬、把歐勤恩牛圈⑨打掃乾淨、趕走吃人的史蒂弗里恩鳥⑩、圈住克里特公牛⑪、馴服吃肉的黛奧米底斯母驢、把亞馬遜女王希波呂特的腰帶扒下來，最後還逮了捷力昂⑫的牛群回家。這會兒我來找你，就是爲了執行第

十一項任務。

水果。

我不說希拉就想羞辱我嗎？你聽過哪個英雄任務是找水果的？

我說阿山哥亞特拉斯啊，我們是老朋友了，你該明白我非拿走希拉幾粒蘋果不可，就是她和宙斯結婚那天，你媽送的特別禮物。蘋果在你園子裡，是吧？鑰匙還在你手上沒有？你沒把鑰匙留給該死的海絲佩拉蒂吧？對吧？亞特拉斯，我可不想對你女兒獻殷勤，這陣子我不沾女人，你知道，我得專心。對了，順便講點八卦，你女兒海上女神卡莉普索把那白癡奧迪修斯藏在她香閨裡了。她會讓他走嗎？怎麼可能？她才不會咧！

連希拉都趕他不走，奧迪修斯這傢伙跟抹了油的野豬一樣滑不溜丟的。不過卡莉普索一雙手可是一對烤肉叉呢！老實說，你那群女兒還眞不賴，最好趕快把她們嫁掉。

言歸正轉。亞特拉斯，鑰匙要是在你手上，好不好請你趕去園子那兒，摘上一、兩顆，嗯，三顆好了，看情況，摘三顆金蘋果，拿來給你的老友赫丘力士我啊？你去摘蘋果的時候，世界就由我來扛。嘿，這交易不賴喔！

亞特拉斯沒有說話。赫丘力士拿起酒袋，扯開扔給亞特拉斯。他看著魁梧的亞特拉斯，望著他的臉龐，兩人輪流喝酒。赫丘力士是個私生子，又愛說大話，但世上唯有他能揹起亞特

拉斯身上的重擔。這點亞特拉斯知道，赫丘力士也知道。

「拉冬就盤在蘋果樹上，」亞特拉斯開口：「我怕牠。」

「啥？一條可憐蟲你也怕？那隻一百個頭的問題蟲？張嘴吐舌就是問題，其實只會嘶嘶作響，什麼也答不上來。拉冬算什麼怪獸，牠是放給觀光客看的好不好！」

「我怕牠，」亞特拉斯說。

「聽我說，」赫丘力士說道：「我遇過比拉冬還可怕的，海德拉就是一個。當然現在她只是條蟲子了，不過那時你砍她一個頭，她馬上生出另一個來盯著你。感覺還眞像婚姻。完事之後，我又得趕下地獄去把那隻笨狗拖上來。那狗叫啥來著？

塞伯拉斯嗎？三個頭，一堆牙，就那隻狗。怪不得死人老是收不到信。有這樣的狗站門口，你說誰敢當郵差送信啊？不過我還是把牠搞定了，就跟對付克里特公牛一樣。亞特拉斯，你得盯著對方的眼睛才成，讓牠們知道誰是老大。」

「拉冬有兩百隻眼睛。」亞特拉斯說。

「管牠兩千隻還是兩百萬隻，我是赫丘力士欸！你放心，我這就去把牠宰了，回頭順便找點東西給咱們倆塡塡肚子。」

說完這位世界大英雄便離開了。這人就跟他手上的橄欖棒一樣粗枝大葉。他眞的是神嗎？抑或只是個笑柄？他的雙重性格賜予他力量，卻也讓他墮落。他是神，也是笑柄，失去其中

之一，他就活不成了。究竟哪一樣會先失去呢？

赫丘力士縱身躍過圍牆，翻進海絲佩拉蒂園裡。他是有鑰匙，不過鎖銹了。他原本打算要惡霸硬撞進去，他一向如此；但想想這是亞特拉斯的地盤，這麼做不大妥當，所以還是選擇翻牆。

園子裡雜草叢生，赫丘力士大步踩過草地，往金光閃閃的園中央走。希拉的蘋果樹就在那兒，樹上結滿了果子。

拉冬等在樹下，身體蜷曲有如褪下的蛇皮。牠是龍，但有著人的舌。牠由人變成爬蟲，個性陰鬱、冷血、孤僻。這就是拉冬。

赫丘力士向拉冬打招呼。

「大毒蟲，是你嗎？」

拉冬睜開六十五隻眼睛，身子還是一動不動。

「拉冬，別在我面前裝死，給我精神點！」

一陣顫抖。拉冬身上鱗片發出聲響，頭部音調低沉，聲如鐃鈸；越往尾巴，鱗片越小，音調越高，聽來像樂鐘或三角鐵。拉冬對著赫丘力士叮叮噹噹響。

咱們的英雄環顧四週，望著高聳如塔的雜草說道：「看來那群姑娘很少除草，是吧？感覺幾百年沒人來了。」

「我自己住。」拉冬說。

「我倒是哪兒也沒住，」赫丘力士說：「我已經四處奔波

好幾年囉！」

「我聽說了。」拉冬說。

「哦？你都聽說了些什麼？」赫丘力士說道，試著讓語氣輕鬆些。

「說你冒犯諸神。」

「哪有那麼誇張！」赫丘力士說：「希拉不喜歡我，就這樣。沒別的了。」

「她恨你。」拉冬說。

「好吧，她恨我。那又怎樣？」

「樹是她的，蘋果也是。」

「所以我才來這兒。」

「你會遭詛咒。」

「我已經被詛咒了，要壞還能壞到哪兒去？」

「回家去吧，赫丘力士。」

「我沒有家。」

拉冬直起身子，駭人的龐大身軀從聖樹上緩緩鬆脫，一百張嘴滴著毒液，眼中閃爍著預知未來的神色。赫丘力士心裡明白，不是這次的毒液，就是下次了。他從希拉的胸房吮了乳汁，希拉總有一天會用毒藥回報他，這點他還是嬰兒的時候便知道了。那時他躺在生母的羊毛氈上，希拉派天藍色的毒蛇來取他

性命，結果全被他勒斃了。之後他又逃過了許多摻了毒的佳釀和祭酒。他贏過海德拉，這次也一定會打敗拉冬。他不會死在今天，可他曉得自己終究難逃一死。有時他覺得他這一生眞是詭異：一輩子都在閃避死亡。

赫丘力士在雜草蔓生的園子裡藏好，躲避拉冬憤怒的搜尋。毒蛇敏捷滑過高大的雜草，穿過廢棄的棚架和柵欄，於是赫丘力士再往後躲，離園中央更遠，往圍牆靠，他的弓箭就擱在牆腳邊上。

赫丘力士箭步拉弓。

「賊頭拉冬，我在這兒！」

拉冬仰起身子，柔軟的咽喉暴露在赫丘力士箭下，瞬間火石一閃，拉冬被一箭斃命，只見牠沒有眼瞼的眼睛逐漸模糊，失去生氣，牙床無力下垂。

赫丘力士知道蛇會裝死躲避獵人捕捉，於是他小心翼翼在拉冬身旁兜步子，隨手將牠堅硬的尾巴砍下一截。尾巴上的鱗片跟護身甲一樣厚。赫丘力士沒穿盔甲，只披著尼米亞獅子的皮毛。多年前，他輕鬆解決了尼米亞獅子，之後便將牠的毛皮披在身上。

接連不斷的殺戮讓赫丘力士不禁墜入沉思，渾然不覺希拉就站在他的面前。突然，他感覺雨滴打在他流著汗的身上。赫丘力士抬頭發現希拉就在面前，他的施虐者，他的夢中人。

希拉很美。美得連赫丘力士這種邋遢鬼都覺得沒刮鬍子不好意思。希拉不用鏡子便能讓赫丘力士看見自己，看見他肌肉橫張，滿是恐懼。他怕她，卻又渴望她，他的肉棒像煽火的風箱似地脹脹縮縮，他想強暴她，卻沒那個膽子。希拉眼裡滿是輕蔑，同時稍帶嫌惡。

「赫丘力士，你不殺人會死嗎？」

「我不殺人就會被殺，怎麼能怪我？」

「不怪你怪誰？」

「怪妳。一切都是妳起的頭。」

「是我丈夫不忠和你性情殘暴。」

「是妳把我逼瘋的。」

「我可沒要你殺死自己的骨肉。」

「發瘋的男人沒有分辨是非的能力。」

「殘暴的男人沒有憐憫之心。」

「希拉，妳是我命運所繫，就像我是妳的命運所繫。」

「神沒有命運可言。赫丘力士，你不會長生不死，你太像人了。」

「那妳呢？希拉？妳永遠都不知足，妳太像神了。」

「解決掉你，我就心滿意足了。」

「那就把我殺了啊！現在就動手！」

「赫丘力士，你註定要毀在自己手裡。」

「妳難道不想幫我這個忙嗎？」

「如果說我是你命運所繫，那也是因為你自個兒其實一點力量都沒有。」

「有誰比我更強壯？」

「沒人比你脆弱。」

「妳這話是什麼意思？」

「那我就直說吧。世上沒人殺得死英雄，英雄的犒賞就是讓他親手解決自己。殺死你的並不是在路上遇到的人，殺死你的是你自己，赫丘力士，是你的本性。」

希拉往前走去，雙臂欺霜賽雪，秀髮閃閃動人，姿態優雅。她從地上拾起拉冬，彷彿撿起玩具那麼輕鬆，接著往天上一拋，

讓拉冬成爲星宿裡永恆的巨蛇座。

一動之下，她的乳房露出來了。

「赫丘力士，你怎麼還不去摘蘋果呢？」

赫丘力士向前，手指輕觸希拉的乳頭。他發現乳頭變硬了，他把指尖弄濕，再碰了碰乳頭，拇指繞著乳暈撫摸。他想吸吮希拉的乳房。

赫拉伸手按住赫丘力士的手：「快去摘蘋果，赫丘力士。」

他清醒過來，往後退了幾步，心懷不軌的希拉正對他微笑。有人警告過他，千萬不要親自去摘蘋果，他得把蘋果留在樹上，找其他人來摘。

他往後退，希拉的乳房依然裸裎著。爲什麼不現在死去呢？

起碼在面對無可逭逃的宿命之際，偷享一點歡愉？赫丘力士大可佔有她，用肉棒硬挺進入她，再讓她殺了他。儘管他會死在希拉的恨意之下，但她將活活感受他的死亡，感受他在她體內最後的衝刺。

赫丘力士手落在肉棒上開始手淫。希拉看著他，看他粗暴而熟練地揉搓自瀆，前後快速來回十幾次，好讓自己興奮。就在他高潮瞬間，赫拉在他唇上一吻，便逕自離開了。

夜。

草地上還留著拉冬的痕跡，而牠的身影已然在群星之間熠熠發光。赫丘力士獨自坐在聖樹下，突然不曉得自己四處奔波

究竟爲了什麼，他頂多確定自己曾經奔走過。之前他辦起事來總是漫不經心，出什麼任務都一樣，直到現在。他總能克服險阻繼續前進，該做什麼就做什麼，不多不少。這是他的命運。命運不能質疑，也不能多想。

可今天不同。今天是他生來頭一回思考自己在做什麼，思考自己是誰。

拉冬叫他回家。要是他眞的回家呢？要是他眞的走出園子不再回頭呢？他可以找艘船，換個名字，將「赫丘力士」當成過往雲煙拋諸腦後。就像拉冬，雜草長了，牠留下的痕跡自然慢慢消失。

要是扭轉未來就像扳鐵條那麼容易呢？他能扭轉命運讓自

己掙脫嗎？他能讓命運到別處去纏繞糾結嗎？他爲什麼動彈不得，活像負軛的蠻牛，只能艱緩犁出自己的命運？他爲什麼接受希拉給他的重軛呢？赫丘力士有生以來頭一回想到，身上的重軛是自己加上的。

他抬頭望著天上的星星。他看見巨蟹座，那又是希拉的傑作：將他的敵人一一升天化成星宿。當時巨蟹趁他和海德拉鏖戰方酣，朝他腳上就是一鉗，他立刻一腳將巨蟹踩碎。恨只恨敵人竟然昇到天上對他眨眼，而他再也踩不死牠。

巨蟹，象徵「家」的黃道星座。

「回家吧，赫丘力士。」……不，他才不要回家。太遲了。

赫丘力士從樹下起身，拾起拉冬斲斷的尾巴，隨意盤在園子的牆上，之後便回頭去找亞特拉斯。途中他發現一隻熟睡的野豬，便將牠抓來，準備煮來吃。外表上，他還是赫丘力士，直截了當、蓄勢待發、無憂無慮，但他內心深處有個地方已經撕裂開來。撕裂他的不是疑惑，他對自己該做什麼從來沒有半點疑惑，而是一個問題：他知道自己該做什麼，卻再也不知道為了什麼。

4

思緒嗡嗡

爲什麼？赫丘力士和亞特拉斯兩人並坐在滿天星斗下用餐的時候，他問亞特拉斯的就是這個：爲什麼？

「老兄，我們這麼做是爲什麼？」

「做什麼爲什麼？」

「你扛著柯斯摩斯，我花整整十二年砍蛇、偷水果。這些年來，只有追亞馬遜女王希波呂特那回還算有趣。可等我逮住她，她卻怎麼也不肯同我一起廝混，女人獨立起來就是這樣。依賴的女人成天嘮叨，獨立的婊子又誰都不甩，我實在不知道誰比較差。」

「希波呂特後來怎麼了？」

「被我殺了，這還用說嗎？」

「我認識她。」

「抱歉啦，老兄。」

兩人沉默片刻，亞特拉斯沒再說話，赫丘力士又喝了一皮囊酒。他不想思考，思考就像黃蜂，在他腦袋外頭嗡嗡直叫。

「亞特拉斯，我問的重點是爲什麼？」

「沒什麼爲什麼。」

「問題就在這兒。」赫丘力士說道：「當然有爲什麼，在這兒，或這兒，不然就是這兒。」他一面說，一面開始敲打一邊的腦袋，試著讓嗡嗡叫的思緒安靜下來。

亞特拉斯說道：「像這樣弓身扛著世界，我可以聽見人的一切活動，他們對命運的質疑我聽得越多，就越明白質疑一點

用也沒有。我聽見他們爲明天做計畫，晚上卻一命嗚呼。我聽見女人因爲生產哀嚎，孩子卻胎死腹中。我聽見人因爲被捕而惶恐莫名，卻突然又獲得了釋放。我聽見商人趕著貨物從海港回家，卻遇上歹徒搶走一切。根本沒什麼爲什麼，只有諸神的意志和人的命運。」

「我是世上最強壯的人。」赫丘力士說道。

「僅次於我。」亞特拉斯說道。

「但我卻不自由……」

「根本沒有自由這種東西。」亞特拉斯說道：「自由是虛幻不實的國度。」

「自由是家。」赫丘力士說：「如果你也同意，家就是你

想去的地方。」

後來，赫丘力士試著把壞心情拋開。

「所以你覺得你比我壯是不是，亞特拉斯？你能用屌頂住非洲嗎？」

亞特拉斯笑了開來，不過地球可就倒楣了，立刻一陣地動天搖。這時赫丘力士已經將屌掏了出來，開始激烈動作，要它勃起。

「快把非洲放上來吧！把整塊大陸扔到我肉棒上。」

「你喝醉了。」亞特拉斯說。

「下午我遇到希拉了。天老爺，眞是個騷貨！你該聽過銀

河⑬的故事吧？希拉餵我奶，我吐了出來，就變成銀河，你知道吧？其實那才不是奶，是這玩意兒。希拉太淑女了，不好意思說出口。」

赫丘力士快要高潮了：「咱們給喜馬拉雅山灑點雪吧，如何？」

他身體後仰，朝天上的星辰猛射。「亞特拉斯，來吧，換你了。」

「我手沒空。」

「你不介意的話，我可以幫你——看在我們的交情份上。」

「我好累。」

「你這話活像個娘們。」

「你自個兒來扛著宇宙試試看。」

「我不是說我明天扛嘛！我決定用鼻子頂，像海豹那樣。」

赫丘力士說完開始鼾聲大作。

「晚安，赫丘力士。」亞特拉斯說道。沒有人答話。

赫丘力士的鼾聲震動了底下的宇宙。這時亞特拉斯和往常一樣，抬頭凝視無垠的穹蒼，希望自己置身其中，成爲無垠穹蒼的一部分，就算一小時也好。

翌晨，該是考驗赫丘力士個人信用的時候了。一個有趣的

問題是，赫丘力士要怎麼從亞特拉斯身上將宇宙順利挪過來，不讓它掉下去。兩人商量後同意，赫丘力士先像蝸牛交配那樣趴在亞特拉斯背後，再將宇宙從亞特拉斯身上拉過來揹在自己肩上。

這方法不錯，只是兩人動作的時候，把諸神從床上全給晃了下來，同時一顆城鎮大小的流星撞上地球，當下把西西里島擊沉了一塊。

亞特拉斯感覺巨大的負荷從他肩上挪開，便轉過身來向赫丘力士道謝。赫丘力士的臉紅得跟石榴一樣，肌肉硬得像塊石頭。

「待會兒就比較輕鬆了。」亞特拉斯說。

「快，快去摘蘋果。」赫丘力士只勉強擠得出這幾個字。

亞特拉斯按摩雙腿和腰背，他已經忘記站直是什麼感覺了。他向上拉直手臂，高舉過頭，聽著關節喀喀作響，享受身上背肌和斜方肌慢慢舒展開來的感覺。接著他大步跨過天界，腳下踢著星辰，像踢石子玩兒。他穿越雲端而下，彷彿人從林中破霧而出。亞特拉斯再度回到地球上來。他身材適中，舉止合宜，留心克制巨人的天性，尋找他的園子，最後終於找到了。

亞特拉斯推開嚴重剝蝕的木門，高昂的心情也稍稍緩和下

來。時間沒能毀壞的，全讓赫丘力士和拉冬給砸爛了。地上一片焦黃，都是巨蛇的劇毒染污的，圍牆也在赫丘力士翻牆而過的時候被踢倒了。園裡用來讓桃樹貼牆生長的鐘形玻璃罩、支架、木樁和繩索全都斷了、碎了。剩下的果子盡數成了野種，讓蛆和鳥給吃得乾乾淨淨。他當年挖來篩選過的肥沃土壤如今密密麻麻長滿雜草，小茅舍屋頂上還破了個洞。

園子似乎正代表亞特拉斯所失去的一切：他的女兒、他的平靜安詳、他獨有的思緒、他的自由與他的驕傲。亞特拉斯一氣之下拾起一把生銹的鉤刀，在皮帶上將鐵銹磨乾淨，再用石子將刀刃磨利，接著便開始鋤草，整理荒廢的園子。

到了傍晚，園裡只見枯枝和刈除的雜草堆得老高，感覺就

像火葬場上的柴堆。亞特拉斯點上一把火，霎時柴堆烈焰沖天，連赫丘力士都感覺脖子熱熱的，心想亞特拉斯到底在搞什麼把戲。濃煙直衝諸神，祂們明白這不是獻祭，於是宙斯決定插手。祂化身成上了年紀的粗工，身披驢皮悄悄潛進園裡。

「難道是主人亞特拉斯回到海絲佩拉蒂園了嗎？」

「你是誰？」亞特拉斯問道，一邊給火堆添了新的蕁麻。

「我叫帕西摩尼亞斯。我沒剩什麼，也沒辦法跟人分享什麼，但我很願意幫您的忙。」

「你能幫我什麼忙？」亞特拉斯問道。

「我可以提醒您，裁定怎麼懲罰您的人是宙斯，執行的也

是宙斯。」

「你好像很了解宙斯。」亞特拉斯說。

「我很虔誠。」

「卑鄙的人都說自己很虔誠，好給自己找藉口。」

「那您又如何爲您的行爲開脫呢？」

「你可以轉告全能的宙斯，說現在扛著宇宙的是他的私生子赫丘力士。」

宙斯完全不知道這件事，也不曉得赫丘力士曾在園中遇見希拉。希拉就和其他女人一樣，非常謹慎，不會大小事都讓丈夫知道。

「赫丘力士有自己的懲罰要擔。」

「他夠強，可以暫時擔住我們兩個的懲罰，再說他有事情要想。」

這下宙斯緊張了，眞正的英雄是不思考的。

「赫丘力士在想什麼？」

「你這披驢皮的傢伙好奇心還眞強。」亞特拉斯說道。他開始懷疑這位訪客的眞正身分：「你想知道，我就跟你說了吧。赫丘力士在想他自己。你沒聽錯，赫丘力士這個肌肉結實、腦袋結石的傢伙，昨晚問我幹嘛要聽神的話。我覺得他問得很蠢，根本不算問題，不過這是他生來頭一回問的不是怎麼走或妳結婚了沒。」

「你怎麼回答？」宙斯問道。

「我沒答。問題不成問題，怎麼會有答案？沒有人能問神爲什麼。」

聽見亞特拉斯的回答，宙斯鬆了一口氣。他相信就算赫丘力士眞的在思考，也只是暫時的。他這會兒只擔心亞特拉斯可能開始認眞思索，赫丘力士那個笨問題背後的含意。

「亞特拉斯，你答得很好，我肯定宙斯不會在意你開小差的。」

「我有把握宙斯什麼都不知道。」亞特拉斯說道。

「也許吧，有些問題最好問都別問。要是有人問：『亞特拉斯呢？』，我會說：『在老地方』。」

帕西摩尼亞斯從他坐著的樹叢裡起身，朝亞特拉斯鞠了個躬，便從園子離開了。他一走出園門，亞特拉斯隨即撐起手臂攀上圍牆，好看看這位訪客的去向。帕西摩尼亞斯早已不見蹤影，只揚起一小道金色的沙塵。

「果然是宙斯沒錯。」亞特拉斯心裡自忖，同時感到困惑。只是他一時實在弄不清楚，究竟什麼讓他困惑。

這同時，赫丘力士可不輕鬆。世界比他原先猜想的還要沉重，然而他有的是行動力，可不是耐力。他喜歡簡短激烈的戰鬥、一頓美食、睡個好覺。他的身體和亞特拉斯一樣壯，但性

格就比不上了。他外在的神力只是件外衣，包住內在的虛弱，這點希拉倒是說得不錯。

赫丘力士比常人高兩倍、重兩倍、烈性兩倍、獸頭三倍，沒人會和這樣的傢伙爭。和他爭，他就把你毀了，所以對的永遠是赫丘力士。他牽雙輪戰車去修理，得到的答覆總是「赫丘力士先生，我們一點兒都不忙，我們馬上修，現在就修」。於是他那輛特製風火輪立刻挪到最前頭，至於後面大排長龍的待修戰車呢，就讓他們等到車軸銹爛吧！

車廠把輪子修好，戰車整理乾淨，完全免費。赫丘力士這輛雙輪戰車簡直就是用馬拉著跑的垃圾桶，裡面總是酒袋亂丟，甚至還有昨天吃剩的外帶烤斑鳩。

那又怎樣。

師父忙著修車的時候，赫丘力士通常會坐在稻草綑上，一面等待戰車重新變得美觀耐用，一面欣賞寧芙仙子們的畫作。偶爾有人走到赫丘力士面前找他簽名，他便握著骨筆在蠟板上潦草寫下他的名字。他買東西從不付錢，誰有意見，他就把誰殺了。赫丘力士還像個小男孩，人簡單，生活也簡單。

對他來說，女人和木材沒什麼兩樣，都是劈開來取暖用的。他喜歡扳開女人雙腿，挺進對方體內。沒有女人拒絕過他，這就是他的魅力。

這就是赫丘力士的故事。膽敢拒絕他的女人，沒一個能活下來講述事情的經過，唯有希波呂特差點逃過一劫。當時，赫

丘力士跨站在希波呂特筋疲力盡的身軀之上，曾感到一絲難受。他追她追了整整一年……是她還是阿提米斯的雌紅鹿？他記不得了。不過他倒是記得他追得好遠好累，而她是唯一跑得贏他的女人。要不是他有朋友埋伏在山裡，她早就脫逃成功了。

後來，他總算逮住希波呂特。他跨站在她之上，汗水重重落在她的臉龐，他試著溫柔地扶她起身，分東西給她吃，甚至想娶她。他揮舞棒子，問她嫁不嫁他，結果她說了什麼「亞馬遜人不結婚」之類的蠢話。他發現她終究是個女人，跟其他女人沒啥兩樣，從來不曉得到底什麼對自己好。他遲疑片刻，最後還是剁仙人掌似的一棒敲掉她的腦袋。

鮮血淹沒他的腳掌，到現在他腳上還留有血跡，就卡在腳

趾縫裡，有點像富貴人家用染料在家產上作記號，免得被賊偷走。

可憐的赫丘力士。希拉的乳汁和希波呂特的血。為女人所困的男人。

這時，赫丘力士突然有個不快的念頭：要是亞特拉斯一去不回呢？

5

三顆金蘋果

亞特拉斯走到園子裡，準備摘三顆金蘋果。

他手伸向第一顆蘋果的時候，感覺腳下一陣震動，他手扶著樹才站穩腳步。這時蘋果啪地一聲落在他手中，彷彿有人直接摘下果子拿給他似的。蘋果樹的樹幹跟銀一樣冰，手上的蘋果卻像熔化的金子。亞特拉斯心中惴惴不安，四下張望了一陣。周圍沒人，只有涼涼的夜。

亞特拉斯將蘋果放進口袋，準備去摘第二顆完美的蘋果。這回他聽見一聲呻吟，絕對是呻吟沒錯，同時胸口一陣劇痛，他身子微微搖晃，撞上樹幹，這時一顆完整、上面沒有任何記號的蘋果，從他身上直直滾入手中，亞特拉斯一把抓住。這會兒蘋果就躺在他的掌中，像個渾然自足的小小世界。

亞特拉斯望著蘋果，看了好長一段時間，覺得自己彷彿見到果皮下有大塊大塊的陸地，還有河流奔騰，從一國流到另一國。亞特拉斯笑了，心裡既感動又驕傲，胸口又是一痛，很不好受。亞特拉斯想哭，淚水簌簌落在蘋果上，彷彿大雨。

亞特拉斯不習慣去「感覺」。獨自一人的時候，他總是靠思考來打發排遣。他自己發明數學難題，再自己解題；他標定星球運行的軌道，他試著了解諸神和人類的作爲，並在心裡爲世界建構了一套大歷史。思考讓亞特拉斯倖免一死，也讓他對什麼都沒有感覺。不過話說回來，感覺除了帶來痛苦和負擔，還有什麼？

此刻，亞特拉斯望著手中的小小世界，心中突然有股陌生

的感覺。他甚至不敢去想，那是什麼感覺。

此時，赫丘力士突然一陣恐慌，動彈不得，逼得他快瘋了。附近什麼都沒有，沒有火，沒有光，沒有烹煮食物的氣味，什麼都沒有，就只有他一個。沒人聽他說故事，陪他喝醉酒，也沒有人稱讚他。唯一的夥伴只有在他腦袋外頭嗡嗡不停的黃蜂。就只有這隻思考蜂，嗡嗡嗡，不停地問：爲什麼？爲什麼？爲什麼？

園中，亞特拉斯放下第二顆蘋果，伸手去摘第三顆。瞬間他的頭遭到重擊，一道蘋果般金黃的鋸齒狀閃電射向樹頂，擊

中第三顆蘋果。蘋果直直朝他飛來，亞特拉斯伸手一抓，卻連人帶蘋果摔倒在地。第三顆蘋果和思想一樣沉重，就落在他身旁的草地上。亞特拉斯試著去拾，卻怎麼也撿不動。

亞特拉斯嚇壞了。他是地母的孩子，和其他兄弟一樣，只要碰到地面，身體就會重新充滿力量。當年他的兄長安特以斯和赫丘力士徒手搏鬥，開始怎麼看都是安特以斯佔上風，因爲赫丘力士每回將他摔倒在地，他旋即精力充沛，一躍而起。

不過，情況危急的時候，赫丘力士腦袋就特別靈光。打著打著，他總算發現應該把安特以斯高舉過頭，再折斷他的肋骨。這一招果然有效。

亞特拉斯這會兒躺在地上，算是得其所哉，卻連顆蘋果也

撿不起來。他費了好大的勁才將蘋果往自己稍微攏近一些，他就這麼平趴在地，望著頭旁邊的蘋果。

當年被迫流放，讓亞特拉斯學會專心一意。從前他就像個大忙人，在世界各地奔波，汲汲營營去組織、去建設、去開墾、釀酒鬻酒、賣珠寶給有錢人、跟權貴攀談，而他自己也曾是權貴之一。

有權有勢的強人通常不怎麼細心，也沒必要，反正自然有人幫他留意。

世界守護者亞特拉斯孤零零地置身天地之間。他懂得每個聲音、每個符號的意義；他知道什麼時候會有風暴，什麼時候又有地震。他可以聞出星球對撞後殘骸燃燒的氣味，就連最微

弱的聲音，他都聽得明白：有人在床上輾轉反側，鬣狗經過，雀鳥警告危險的鳴叫。他傾聽岩石壓擠生物殘骸變成化石的聲響，他聽見人類剷除森林，大樹斷折倒下的聲音。

此刻，亞特拉斯臉埋在草叢裡，耳中聽見聲聲怒吼從死者聚集的地獄深淵塔爾塔羅斯傳來，其中有些還是他的手足兄弟。死人憎惡死亡，渴求生命，他們擠在「永恆」這座煉獄的邊緣，殷殷企盼更多時間。

從前亞特拉斯想做的事情太多，但時間老是不夠。現在他長生不死，卻得承受永恆的懲罰，永遠得當同一個人，永遠得做同一件事。

亞特拉斯豎耳傾聽。他聽見女子搗碎甲蟲，製作紫色染料。

她也得永遠做這件事，那是她的工作，不是嗎？雖然她到傍晚可以吃吃喝喝，唱歌訪友，但生活永遠不會改變。然而她又在乎了嗎？亞特拉斯拉長耳朵想聽聽女子是否發出嘆息。沒有，她沒有。女子一邊哼歌，一邊搗碎甲蟲，心思飄到他方，飄向她的愛人孩子，想像著晴暖天氣裡發生的種種樂事。

現在，就是此時此刻，他能同女子交換彼此的生命嗎？世界讓給她扛，由他拾起搗槌和研缽？

他在欺騙自己。他雖然嘶喊渴求，希望紓解身上的無邊重擔，卻從來不是認眞的，因爲他是亞特拉斯，宇宙之主，世界的奇觀。

懲罰他的人眞是聰明，懂得利用他的虛榮心。

亞特拉斯看著蘋果，直到此時他才察覺自己也是這道懲罰的幫兇。他為什麼要和諸神爭戰呢？他有的還不夠嗎？他有自己的國家，又有權勢力量。諸神的確挑撥雅典人對抗亞特蘭提斯，但一場戰爭下來，他又得到什麼了？他擁有的美麗城市與港口全都沉入海底，宮殿從此綴滿魚群，再也沒有一個地方能稱作他的世界了。

他當初為何沒發現自己生命的界限呢？就算發現了，又為何如此恨之入骨呢？

界限和渴望，又是這兩樣東西在作祟……

的確，一個人是該盡力嘗試擔負世界，同時接受命運的挑戰。太陽到達天頂，之後呢？早晨變成午後，能算失敗嗎？午後變成安詳的傍晚，再變成星光璀璨的深夜，也是失敗嗎？

赫丘力士這輩子沒像現在這麼怕過，他經得起任何挑戰，就是經不起沒有挑戰。他總是藉戰鬥認識自己，靠敵手證明自己。打鬥的時候，他可以感覺肌肉的動作，感覺血液在體內湧動，但他此刻除了世界的沉重，什麼也感覺不到。亞特拉斯說得對，世界對他來說太重了，他承受不了，他實在沒辦法負荷

這緩慢旋轉的孤獨星球。

亞特拉斯發覺又有人走進園子。希拉臉上蒙著面紗，站在她的蘋果樹旁。

「亞特拉斯，」希拉說道：「你怎麼躺在地上？」

「妳是來懲罰我的嗎？」亞特拉斯說道。

「把蘋果撿起來。」希拉說。

「我撿不起來，」亞特拉斯笑著說道，他現在的姿勢實在滑稽。

「亞特拉斯，你知道這是怎樣的一棵樹嗎？」

「這是妳的樹，地母送妳的。」

「地母送過最棒的禮物是什麼呢？」

「過去和未來的知識。」亞特拉斯說。

地球已然古老，卻蘊含所有的知識，紀錄著自時間伊始，發生過的萬事萬物。時間存在之前的事情，她幾乎絕口不提，而且用的語言至今猶然無人能解。她使用的密碼在時間中慢慢破解，泥漿和熔岩都帶著來自過去的訊息。

至於未來，她說了很多，但有誰聽進去了呢？

「你頭先摘的蘋果分別是你的過去和未來。」希拉說道。

亞特拉斯很害怕。他的未來近在指尖，卻沉重得難以挪動

分毫。

「第三顆蘋果是現在。」希拉接著說：「生自你的過去，指向你的未來。三者當中哪個才是你亞特拉斯，得由你自己決定。」

「赫丘力士爲什麼不能親自來摘蘋果？」

「赫丘力士之前偷過我的東西，他再也不能碰我的東西了。」

「你爲什麼派拉冬看守蘋果樹？」

「誰摘下蘋果，誰就能和諸神一樣知悉過去與未來，宛如當下。」

「這對人來說，是福音。」

「是詛咒。」希拉說道：「人到現在仍然懵懂無知，正是因為知識把他們給毀了。人類一有什麼發明，總是很快拿來自相殘殺。你的兄長普羅米修斯盜火給人，人拿到這份禮物之後，結果咧？他們拿火燒對方的作物和房子。凱龍⑭教你們醫術，然而你們學會什麼？做毒藥。戰神阿里斯給你們武器，結果你們只會拿起武器互相殘殺。就連半人半神的亞特拉斯你，也差點把世上最美的城市毀滅殆盡。你寧可破壞自己的田畝，也不願留給別人耕種；你寧願鑿沉自己的船艦，也不甘白白交到敵人手上。」

「是諸神向我們開戰的。」亞特拉斯說道。

「所以你主動幫我們省事，把自己給放逐了？」

「妳說這些幹什麼？」

「我要幫你做選擇。」

「我沒有選擇。」

「你向諸神宣戰的時候也這麼說。」

「沒有選擇，只有命運。沒人逃得開命運。」

「亞特拉斯，看看這棵樹吧。」

亞特拉斯側過身來望著蘋果樹，樹耀眼得稀奇，他看不清樹上的果實。

「你那三顆蘋果是隨意選的嗎？」

「那時我看樹上就只有三顆蘋果。」

亞特拉斯滿臉困惑。他一開始見到樹的時候，樹上結實纍纍，就像現在看到的一樣，可等他伸手去摘蘋果，卻只看見三顆蘋果，就他選的那三顆。

「亞特拉斯，這不是幻術，你只是看不到樹本然的模樣，見不到世界的變化。那麼多過去，那麼多未來和現在，統統都是你的。你可以做出不同的選擇，但你沒有。」

亞特拉斯說道：「難道我的未來非得如此沉重不可嗎？」

希拉答道：「亞特拉斯，那是你的現在，不是未來。未來只會每天每天加重，但也說不一定。」

「那我要怎麼擺脫命運？」

「你得選擇，選擇自己的天命。」

話說完，心懷不軌的希拉便消失了，只剩亞特拉斯孤獨一人。這時他手裡捧著三顆蘋果，毫不費力。希拉方才一番話，他完全聽不懂，甚至不清楚自己在不在乎。現在，他得回頭去找赫丘力士，不過他心裡只想著如何說服咱們的英雄，要他再多扛一會兒。

6

無路可逃

赫丘力士睡著了。

他夢見自己變成一天之中的某個片刻，變成一道音符，敲響、發聲，沒了。他夢見自己變成拉冬鱗片發出的聲響，變成海德拉發出的哨啯聲，變成阿提米斯雌鹿的蹄聲。他是牛鈴，是野豬發出的低音G，是黛奧米底斯母馬的歌聲，是史蒂弗里恩鳥歌劇式起伏跌宕的長鳴。他是尼米亞獅子的低吼，克里特公牛的嚎叫。他是穿越歐勤恩馬房的淙淙流水，是狗的低鳴，是行將死去的女子的嘆息。

後來他變回自己，雙手拚命撕扯皮肉，彷彿皮肉是件汗衫，可以撕得下來。他身體一陣劇痛，而他則是劇痛化成的嘶吼。

他醒來一身冷汗，但連伸手指拭眉毛都沒辦法。他目光渙

散，猷猷望著星光淸明的宇宙，心想要是喊得夠大聲，會不會有人答腔？

一片沉默。只有一個聲音，可他恨透了這個聲音。嗡嗡嗡，就只有嗡嗡嗡在他腦袋外面不停地，嗡嗡嗡。

「亞特拉斯！」他大吼：「亞特拉斯！」地球群山裡立刻雷聲隆隆。

「你不用大吼大叫，」亞特拉斯說道：「我聽得見。」

只見高大魁梧的亞特拉斯面帶微笑，出現在赫丘力士面前，身上無負無擔，舒服得很。赫丘力士體內刹時妒火中燒。

「你拿到蘋果沒？」他問道，試著保持冷靜。

亞特拉斯把手伸進口袋，拿出蘋果，蘋果依然閃爍著奇異的光芒。亞特拉斯接著說道：「赫丘力士，我幫你把蘋果拿給優里斯瑟斯。」

「沒的事，兄弟，」赫丘力士說：「你做得夠多了。」

「我不麻煩。」亞特拉斯說。

「就為這幾粒果子大老遠跑一趟，不會吧？」

「呃，我也許可以順便去探望我的女兒。」亞特拉斯說。

(「見鬼咧！」赫丘力士心想：「那些娘們鐵定會把他永遠留住，不讓他走。」)

「你還好吧？會不會累？」亞特拉斯問道。

「累？當然不累啦，老兄。我可愛待在這裡呢，做點改變，

小意思。」

「嗯，那……」亞特拉斯說道：「我走之前，你還需要我做什麼嗎？」

赫丘力士很緊張。他要是發脾氣，亞特拉斯可能一走了之。赫丘力士光憑自己可沒辦法把世界放下來，亞特拉斯大可將他永遠困住。

「既然你問我，我就說了。我想在頭這邊放個墊子，好減輕點重量。那該死的瑞士！」

「瑞士怎麼了?」亞特拉斯問道。

「還不就是那些山嘛,老兄,刺得我脖子好疼。」

好心的亞特拉斯不想見到赫丘力士受苦,便在自己放東西的袋子裡找了條厚毯子,正好可以摺成軟墊。他在赫丘力士身旁彎下腰,試著將軟墊塞進他頸子後頭。

「兄弟,那個馬特洪峰……」

「什麼?」亞特拉斯問。

「有馬特洪峰在,你軟墊塞不進去的啦!我看不如由你暫時扛著世界,讓我把軟墊在肩上放好,事情不就結啦?喔,記得別把蘋果壓壞,知道沒有?」

亞特拉斯毫不起疑,點了點頭,便彎腰將蘋果放在宇宙的

地表上，緊接著一下就將宇宙從赫丘力士肩上滾到自己頭上。

這時，赫丘力士連忙撿起地上的蘋果。

「老兄，你最好把姿勢調舒服一點，我可不會回來啦。」

亞特拉斯一時愣住了，說不出話來。他審視赫丘力士獰笑的臉，突然明白被他耍了。這個狡猾的傢伙雖然沒大腦，鬼主意倒是一大堆。

亞特拉斯還能怎麼辦？他真想拿宇宙往赫丘力士身上砸，壓扁他，讓時間消失，故事從頭來過。

「亞特拉斯，別這樣嘛，」赫丘力士說道：「你已經玩夠了。」

亞特拉斯讓宇宙緩緩下滑到肩膀，小心翼翼不讓地球上的牛奶潑灑出來，接著彎腰再次揹起沉重的負荷。他做起來是那麼輕鬆優雅，那麼溫柔，幾乎充滿愛憐，赫丘力士見了不禁慚愧。要是將世界搗碎能讓亞特拉斯重獲自由，他一定會這麼做，而且非常樂意。這會兒他看亞特拉斯明明能將世界敲碎，卻不這麼做，他心底充滿敬意，卻不打算幫他。

「告辭了，亞特拉斯，」赫丘力士說道：「謝啦……」

赫丘力士身披獅皮，甩動橄欖棒，腰間繫著蘋果，就這麼離開了。他推開天上的星辰，殺出一條路來，直到身影漸漸模

糊，消失在時間的分子裡。亞特拉斯眼睜睜看著自己的過去、現在和未來，隨著赫丘力士一塊消失。此刻他的生命再也沒有界限，沒有限制，一切都成了空。而他要的不就是空無嗎？

然而，空無爲何竟然如此沉重，沉重得一如空無？

亞特拉斯轉過頭去，有一瞬間他完全看不到停在背後的宇宙，只見他扛的其實是自己，巨大而沉重的自己：小亞特拉斯絕望地揹著大亞特拉斯，揹著一整個世界。

之後，影像消失了。

7

只得往前

105

台北市南京東路四段25號11樓

大塊文化出版股份有限公司 收

廣　告　回　信
台灣北區郵政管理局登記證
北台字第10227號

地址：　市　縣　鄉／鎮　市／區　路　街　段　巷　弄　號　樓

姓名：

（請寫郵遞區號）

大塊
LOCUS
文化

Future · Adventure · Culture

謝謝您購買這本書！
如果您願意，請您詳細填寫本卡各欄，寄回大塊文化（免附回郵）
即可不定期收到大塊文化的最新出版資訊及優惠專案。

姓名：__________ 身分證字號：__________ 性別：□男 □女

出生日期：____年____月____日 聯絡電話：__________

住址：__________

E-mail：__________

學歷：1.□高中及高中以下 2.□專科與大學 3.□研究所以上

職業：1.□學生 2.□資訊業 3.□工 4.□商 5.□服務業 6.□軍警公教
7.□自由業及專業 8.□其他

您所購買的書名：__________

從何處得知本書：1.□書店 2.□網路 3.□大塊電子報 4.□報紙廣告 5.□雜誌
6.□新聞報導 7.□他人推薦 8.□廣播節目 9.□其他

您以何種方式購書：1.逛書店購書 □連鎖書店 □一般書店 2.□網路購書
3.□郵局劃撥 4.□其他

您購買過我們那些書系：

1.□touch系列 2.□mark系列 3.□smile系列 4.□catch系列 5.□幾米系列
6.□from系列 7.□to系列 8.□home系列 9.□KODIKO系列 10.□ACG系列
11.□TONE系列 12.□R系列 13.□together系列 14.□GI系列 15.□MYTH系列 16.□aella系列 17.□其他__________

您對本書的評價：(請填代號 1.非常滿意 2.滿意 3.普通 4.不滿意 5.非常不滿意)

書名____ 內容____ 封面設計____ 版面編排____ 紙張質感____

讀完本書後您覺得：

1.□非常喜歡 2.□喜歡 3.□普通 4.□不喜歡 5.□非常不喜歡

對我們的建議：__________

赫丘力士將蘋果送去給優里斯瑟斯。

總算不用再當送貨小弟，赫丘力士非常開心。他往南直走，同時動手建了一座城。城有一百個城門，並以他的出生地底比斯命名，作爲紀念。

紀念也好，出生地也罷，住在城裡，赫丘力士很快就厭倦了。於是他拋下華麗的衣飾和徹夜不歇的歡宴，翻出獅皮（獅皮已經磨破，有點露餡了），將灰塵撢乾淨，再次踏上旅程，最後來到高加索山。老早以前，普羅米修斯便活活銬在這裡，久得已經沒人記得淸楚他究竟銬了多少時間。

曙光乍現，赫丘力士看見獅身鳥首的兀鷹在空中盤旋，曉得普羅米修斯的石牢就要到了。兀鷹每天早上都會啄開普羅米修斯的肚腹，叼出他的肝臟，到了晚上，肝臟又會再長回來，如此週而復始，從諸神那兒偷了火的普羅米修斯永遠無法擺脫他的懲罰。

赫丘力士不想被人發現，便躲在一處裸岩後面，注視著兀鷹越飛越近，彎曲的鳥喙劃破普羅米修斯的皮肉刺了進去，刺進他肉色慘白的肚腹裡。

普羅米修斯一張臉痛得糾結著，卻沒有發出半點哀嚎。兀鷹扒開他的肚腹，頭整個埋進五臟六腑之間摸索，好把肝臟叼出來。這當口，普羅米修斯只是僵直了背。兀鷹找尋肝臟的時

候，一雙巨大的翅膀不住拍動，好讓自己停在空中，兩隻腳爪則輕點在普羅米修斯的髖骨上作爲支撐。

肝臟一半露在外頭，剩下一半還卡在血流不止的傷處，兀鷹使勁一扯，普羅米修斯登時大叫一聲，只見肝臟懸在鳥喙上輕輕搖晃。兀鷹直直往上飛起，沿路灑下血滴和細碎的肉塊，落在岩石上，染紅了岩石。

普羅米修斯厥了過去。

赫丘力士從藏身處走了出來，手裡捧了一袋水，湊近普羅米修斯唇邊。普羅米修斯醒轉過來，向他道謝。赫丘力士心頭一陣憐憫，便幫普羅米修斯將傷口遮蓋起來，讓他不受烈日艷陽和蒼蠅的折騰。

普羅米修斯問赫丘力士，有沒有見到他的手足亞特拉斯。赫丘力士這才驀地憶起，亞特拉斯從他身上再次接過那難當的重擔時，無盡溫柔的姿態。於是赫丘力士溫柔拂拭普羅米修斯的額頭，同時答應當天去找宙斯，要祂撤銷對普羅米修斯的懲罰。

赫丘力士留下一袋水和一支蘆葦當作吸管，便如他所說的動身離開了。

赫丘力士想要什麼，通常都先用吼的。

「宙斯！父親大人！」他的聲音讓群山爲之撼動，一時巨石紛紛滑落，小塊岩石不停滾入山裡的罅隙。

宙斯正和希拉一起，兩人倒臥在金色躺椅上享受狎暱的片刻。聽聞赫丘力士的呼喊，希拉揚了揚眉暗自微笑，再將宙斯拉回彼此的歡愉當中。

赫丘力士火了。要是吼叫討不到他要的東西，他就會祭出橄欖棒。於是赫丘力士直奔第一高峰的峰頂，不顧炎炎烈日開始猛敲天空。

天頂一陣猛搖，諸神有的以爲巨人們又來攻擊了，便派赫密士前去查看究竟。赫密士見到赫丘力士，得知他威脅要將天

空劈成兩半，便答應帶他去宙斯的宮殿。

若非赫丘力士推開臥房的門，宙斯還渾然不知外頭出事了。赫丘力士瞥見父親趴在繼母身上，這時希拉回過頭來，美麗的臉龐向著他，眼裡帶著嘲諷。赫丘力士就討厭這樣，但肉棒還是不聽話地翹了起來。

宙斯起身先替希拉蓋上毯子，這才對赫丘力士說道：

「你來找諸神討什麼？」

「饒了普羅米修斯，」赫丘力士說：「他已經痛苦夠久了。」

「殺手也有同情心，」希拉說道，看也不看他一眼：「嘖

嘖嘖。」

宙斯懲罰普羅米修斯之後，其實早就懊悔了，這會兒正好有藉口饒恕他，心裡很是高興。然而就算是神，也不能收回成命，因此宙斯只好將原本實在的懲罰，轉爲象徵的處分：普羅米修斯今後必須戴著用身上鎖鏈做成的指環，同時推滾高加索山上的一塊巨石，至於獅首鳥身的兀鷹則交由赫丘力士用箭射死。

「你應該喜歡這件差事，對吧？」希拉穿著絲質睡衣經過赫丘力士身邊，一面說話，一面用她散發沒藥香氣的手，摸了摸他鬍鬚未剃的臉頰。希拉離開臥房之後，宙斯聳聳肩，在他

邋遢的兒子背上拍了一下，感覺似乎在說：

女人哪，眞是拿她們沒辦法。

赫丘力士鎭夜坐在普羅米修斯身旁守著。黎明來臨前，普羅米修斯身上的傷口總算癒合了。他渾身上下都被太陽嚴重灼傷，只有腹部白得跟孩子似的，因爲肚皮每天都會重新再長。

赫丘力士打起盹來，夢裡全是翅膀拍動的聲音，而他體內一陣灼熱。他夢見自己再度扛起世界，但這回世界長了尖嘴，爪子又利，他站哪裡都是一陣亂咬亂抓。於是他又像上回那樣，拼命剝扒皮肉，彷彿撕扯汗衫。

他差點睡過頭。醒來的時候，兀鷹正站在普羅米修斯身上，鳥喙已經在腹部劃出一道紅色細痕。赫丘力士張弓瞄準，一箭

射穿兀鷹的咽喉。兀鷹在巨石之間打圈翻滾，最後直直墜落乾涸的峽谷深處，不見影蹤。赫丘力士徒手扯斷普羅米修斯身上的鍊條，又哭又笑。之後普羅米修斯隨赫丘力士下山，參加人類爲他舉辦的一場大宴。很久很久以前，他就是爲了人類，從諸神那裡盜了火。

宙斯也來了；祂還是一如往常，扮成陌生人的模樣。希拉則託宙斯代爲致歉，說她頭痛不克出席。

宙斯手裡拿著赫丘力士的箭矢，將它送上天際成爲射手座。赫丘力士受寵若驚，因爲希拉老是讓他的敵手升成星座。他覺得自己總算得到宙斯的讚許了，感覺自己總算得到報償，而不再只是懲罰，因爲他是個英雄，是個征服者，是個好人。

普羅米修斯從火堆旁的暗處走了出來，來到赫丘力士身邊。

「赫丘力士，謝謝你救我一命。」

「要我救你一千次也沒問題！」赫丘力士說道。

「既然如此，就去救我弟弟亞特拉斯吧。要宙斯也饒了他。」

赫丘力士微笑點頭，轉身面對火堆和大宴。他不會去救亞特拉斯的。就算再同情他，他也不會救他。天下只有一個人擔得了亞特拉斯的重荷，但他可不想再扛一次。

他抬頭望見扮成陌生人的宙斯正盯著他瞧，目光銳利，彷佛看穿了他的心思。

赫丘力士別過頭去望向火堆。火光熊熊，他似乎只見到希拉那嘲弄的笑容。

8

倚著限制

關於選擇，我能說什麼呢？

命運和選擇感覺就像南北極那麼遙遠，而生活又那麼像是宿命。

我生下來，母親就將我送給了陌生人。我無話可說。那是她的選擇，我的命運。

後來，養母也拋棄了我。她說我跟她一點關係也沒有。她說得沒錯。

沒有人扶持我，我學著扶持我自己。

我的女朋友說我有亞特拉斯情節。

小時候，我的床頭燈是一盞發光的地球。我居住的阿克登不在上面，連英格蘭也幾乎看不到，但是世界上的大海看起來卻好像無邊無涯，我想我安定下來之後，應該可以去其中航行；我想去一個對我說「好」而不是「不好」的地方。

更小的時候，我住在孤兒院裡，我窗外的房間，有一個垂下來的大球燈，是用白磁做的。看起來像月亮或是另一個世界。

我常常望著它直到眼皮沉重瞌睡虫來訪，望到最後一班火車呼嘯而過，將道路急轉彎處的空氣震動得就像拉響了手風琴一樣。

球型燈和火車都是我的夥伴，它們有必然性，忠實可靠，

使得酸掉的牛奶、高高的鐵欄杆、以及從啵亮的轎車上伸出來的、永遠是從我身旁走開的雙腳的腳步聲不那麼難以忍受。

我很善於掉頭走開。被拒絕教會了人該如何拒絕。離開了家鄉、離開了父母、離開了我的生活。我一而再、再而三地搬家，重新過一段生活。我停留在跑道上。那麼，爲什麼我會覺得無法忍受負擔呢？我所承擔的又是什麼呢？

我現在才明白過去並不會像海市蜃樓一樣地自然消失。我明白未來，雖然還看不見，卻有著重量。我們處於過去和未來互相拉扯的引力之間。這需要消耗很大的能量，猶如光速般的力量，去化解那種引力之間的拉扯。

我們之中有多少人可以不受生活軌道的限制？我們用自由

意志和指引自己的自助式課程，種種新奇的理念來戲弄自己。我們相信自己可以創造奇蹟，只要贏了樂透或是理想對象出現，就能讓世界煥然一新。

古代人相信命運，因爲他們知道一個人要改變事情是多麼的困難。過去和未來的引力是那麼的強勁，現在幾乎要被它們給碾碎了。我們無助地躺在承襲來的生活模式和被我們的行爲所再度制約的模式中。這種負擔難以承受。

我做的越多，承載的就越多。書籍、房子、愛人、生活，全被我背在背上，它們一直是我身上最強壯的部分。我可以舉起我自己的重量。

我想把故事重講一遍。

9

我的火星

亞特拉斯望著火星。

火星沒有生命。火星有大氣層沒錯，但卻稀薄多變，至於地表則是沙塵暴和颶風的家鄉。

火星地表沒有土壤，只有稱爲表層腐岩的東西，就是一堆了無生氣的石頭混在一起，其中有礫石也有小圓石。表層腐岩形成了山谷和堤道，而種種跡象顯示，這些山谷堤道曾經有水流過，只不過是在遠古時代。

現在已經沒水了，至少地表上沒水。地表下凍土足足有一英哩深，再下面是飽含滷水的土層，冰點是攝氏零下二十度。

火星上，有時過了中午，天氣就和澳洲一樣晴朗。到了夜晚，貧瘠的峽谷底層瀰漫著二氧化碳凝成的冰霧。

要怎麼才能將冰融化，將水釋放出來？

得有什麼才能讓植物生長？

園丁亞特拉斯偶爾會想像自己在死氣沉沉的凍原上鑿開一道道深井，讓生命重新出現在這個陽光罕至的星球。他會將表層腐岩鏟開，爲星球帶來肥美的土壤。活生生的星球，土壤是它充滿生命力的表殼。屆時，亞特拉斯便可以躺在泥土之上，做著白日夢。

而他總是夢想著同一件事。界限，渴望。

在亞特拉斯無遠弗屆的想像世界裡，他不會因為希冀不可能的事物而受罰。諸神為什麼堅持要有限制和界限呢？連傻子都知道限制不過是些規則，是禁忌，不過是為了教人乖乖待在原地而設計的規範。而反抗最後總會遭受同樣的懲罰：剝奪你僅有的一點自由，禁錮你的靈魂。

亞特拉斯想起東方，想起關在瓶中的精靈們。危險的事物都得鎖上，他很危險，因此身體遭到拘禁，好讓他的心靈無所遁形。

當然，他們這麼做正好適得其反，他的心靈反倒不斷遁逃。他們逮到他的身體，卻捉不住他的思緒。

他造過一座園子，但此刻全副心思都在想像另一座園子，更難造的園子，卻也更加華美，無中生有，孕育新生。跟海絲佩拉蒂園一樣，他也要爲新的園子築上圍牆。他知道，置身在親手打造的圍牆當中，將是他此生最快樂的時光。

這麼說對也不對。

當他在園中時，牆上的門總是半開著，只有離開才會鎖上。他滿懷猜疑地保護自己的疆界，不讓外人闖入——當初就是因爲這一點，他才和諸神開戰——雖然對方老說是亞特拉斯闖入他們的地方。隔離、關卡、邊界管制，全都出自自由之名。你受限就是我自由。

亞特拉斯知道他的論證有個漏洞。他不笨，再說他擁有全世界的時間。他去摘蘋果那天遇上希拉，當時他就明白了。自此之後，這個發現便在他心頭不斷盤旋擴大。

界限。渴望。

他像翻石頭一樣翻動字彙。從前字彙就是石頭，乾枯冷漠一如表層腐岩；從字彙裡長不出任何東西，而亞特拉斯就是想將字彙撬開弄碎，化成美好的土壤。他就是想在這片新成的土壤上澆水、看顧，夜晚睡在旁邊，守候生命最初的徵兆。

這便是他一人擁有的火星。他現在就住在那裡，園子已成過去。

10

世界英雄

赫丘力士常常想起亞特拉斯……

亞特拉斯獨自一人，若有所思地扛著宇宙，像個拿球的小男孩。

赫丘力士後來沒再也沒去找過亞特拉斯。心裡那股雜著羞恥與恐懼的感覺，讓他始終無法成行。他知道自己是靠耍詐才贏過亞特拉斯，但能怪他嗎？要怪就怪希拉，怪諸神，是他們給他這麼一些不可能的任務，換做其他人早就搞砸了。

時間沖淡傷害。思緒黃蜂現在幾乎不再叮他了，只有不滿的情緒偶爾會在耳邊嗡嗡作響，讓他直想把腦袋給拔下來，丟到外太空去。

這會兒他心裡給其他事情佔著：他新娶了一個太太。

黛安妮拉是男人夢寐以求的那種女人。她是酒神戴奧尼索斯的女兒，完全遺傳了他的奢侈無度。她的身材讓人垂涎，肌膚柔潤如酒，性喜歡愉，可以徹夜縱情狂歡。她配赫丘力士眞是再完美不過。

赫丘力士還是用他那套老法子追她：拼命自吹自擂，再用二頭肌秀了幾招。

他答應帶她一同旅行。他需要妻子，再說之前生的骨肉全死光了。剩下幾個孩子雖然他沒誤殺，還是讓別人給殺了。何況又有預言說，接下來十五個月他要是沒死，這輩子就能安享

天年。

是該定下來的時候了。

婚後不久，赫丘力士和黛安妮拉相偕出外旅遊，一路上兩人既親暱又快樂。一日，夫妻倆來到一處湍急的河邊，正當兩人不知該如何過河的時候，人馬納索斯疾馳而來，向兩人提議由他馱著黛安妮拉，赫丘力士自己泅泳過河。

赫丘力士小心翼翼扶著妻子坐上人馬毛茸茸的脊背。孰料人馬非但沒有跳進河裡，反倒馱著黛安妮拉飛奔而去，想回林中強暴她。

赫丘力士在後面拼命追趕，同時拈弓搭箭，半英哩外一箭射中納索斯的胸膛。中箭當時，人馬兩隻前腿搭著黛安妮拉赤

裸的身軀，肉棒懸在她腹部上方，濕漉漉地。人馬癱倒在黛安妮拉身上，在斷氣前說要送她一道符咒作爲補償。妳拿我的精液混著箭尖上的血，赫丘力士就會永遠死心塌地對妳。妳這麼做就行了。我很抱歉，永別了。

黛安妮拉驚魂甫定，冷靜下來，在赫丘力士趕到前將精血混好。這時只見赫丘力士怒氣沖沖走上前來，猛一把將納索斯從她身上拉開，屍首扔向灌木叢裡。他見妻子不著片縷，激奮莫名，當下就和黛安妮拉做起愛來。他將頭埋進她的肩窩，而她一頭秀髮則在他頸間潑灑開來。

黛安妮拉睜開雙眼仰躺著，一面迎合赫丘力士，一面望著天上變動不居的流雲。赫丘力士永遠定不下來，絕對會有其他

女人出現：也許是一夜情，是妓女、情婦、酒吧女郎或贏來的獎品、敲詐強奪來的女人、農夫的女兒，甚至女神。赫丘力士從來不曾答應對人忠實，他沒這個本性，也沒這個傾向。黛安妮拉原本以爲自己不會在意。他們倆結了婚，他總是在衆人面前誇讚她，他是孩子們的爹，他喜歡她，而且兩人確實相處愉快。這樣的情況非但赫丘力士頭一回遇到，黛安妮拉自己也甚感意外。她懂得駕馭雙輪戰車，對馬也很在行，射擊練習時還可以同他搭檔。他對她既欣賞又佩服，但最棒的是兩人還聊得來。他以爲這些她都曉得，他覺得夫復何求。

是啊，夫復何求。但當她望著水中的倒影，總是不禁擔心歲月在她身上留下的痕跡。要是她的體態不再輕柔似水，還留

得住赫丘力士嗎？再過幾年男人就不想進犯她了，甚至連瞧都不會瞧她一眼。屆時，赫丘力士就會像他甩掉其他東西一樣，把她甩了。黛安妮拉不曉得預言的事，也不曉得自己就是預言提到的那個人。

是她。

納索斯事件過後不久，赫丘力士出門去討一樁賭債。

赫丘力士不會忘記別人的攻擊，也從不寬恕。他遇到黛安妮拉之前，原本想娶優里特斯王的女兒愛歐兒。他在箭術比賽中贏得正大光明，愛歐兒的父親卻拒絕讓她下嫁，但無論愛歐兒嫁是不嫁，他早就將她當成他的人了。

對英雄來說，這是再平常也不過的一天。赫丘力士在床上喝完黛安妮拉爲他準備的茶，整裝備武一番，便出門解決優里特斯。優里特斯的王城轉眼便燃起大火，居民紛紛死在他的劍下。赫丘力士衝進王宮，見到愛歐兒的家人，朝他們每個人咽喉就是一刀。不分男女，他每逮到一個，就用匕首抵住對方咽喉，同時大吼：「愛歐兒！說妳是我的人，我就饒他一命！」

然而，愛歐兒眼睜睜看著家人一個個被赫丘力士殺死，卻始終不肯讓步。當赫丘力士抓住她的兄長，也是她最後一位親人，將他剜腸破肚的同時，愛歐兒奔到城牆上，隨即縱身一躍。

赫丘力士拋下手邊半死的屍首，衝出去瞧個究竟。愛歐兒

的身軀並未猛然墜地，她的裙子像副降落傘讓她緩緩下降，也漸漸化解她心中的懼怕。就在愛歐兒快要墜落在城廓之前，赫丘力士雙臂一張將她一把抱住，一隻手隨即伸進她兩腿之間。他將愛歐兒扛在肩上，肉棒鼓脹欲裂。他用沾滿鮮血的骯髒手指撫摩她的陰部，讓她濕潤。愛歐兒從未有過這樣的感覺。等赫丘力士將她往船上躺椅一拋，親吻她的時候，她立刻湊唇回吻，而且同樣熱情。她那裡很緊，就等他來。他愛極了，當下決定將她留住。

黛安妮拉得知這件事並不恨愛歐兒，只覺得可悲。但等她

聽說赫丘力士準備迎接愛歐兒回家，三人同住，妒火立刻延燒起來。

愛歐兒比她年輕得多。她愛著赫丘力士，至少自以爲她愛，而赫丘力士則是沉迷於他的新玩物，樂不思蜀。這樣的日子讓黛安妮拉難以忍受。要是她抱怨，那更糟，赫丘力士很可能對她不理不睬，甚至拋棄她。

赫丘力士差人傳話，說他在回家前打算先向宙斯獻祭。他要黛安妮拉送件新汗衫來，在祭典上穿。

機會來了。黛安妮拉想起納索斯說過的話，便將房門鎖上，從牆上的秘密保險箱裡拿出牠的「禮物」。

那小塊毛皮仍然濕涔涔的，和她拿來收集精血那天一般無

二。毛皮沒有味道，也沒溫度，種種跡象都顯示她被騙了，但這可能是她唯一的機會。於是黛 安妮拉小心翼翼拿著毛皮在赫丘力士的新汗衫上抹過一遍，再將汗衫晾乾。

汗衫送到的時候，赫丘力士正和愛歐兒躺在床上。他讓少女繼續睡著，獨自一人朝外走去。這是個清朗涼爽的早晨，感覺格外珍貴，他自己也說不上來是怎麼回事。

他爲宙斯造了一座巨大的祭壇，周圍擺上他徒手宰殺的十二隻牛犢，作爲獻祭之用。

獻完祭，他要回家。要是能讓黛安妮拉和愛歐兒和平相處，日子就幸福了：有妻子，有情婦，一堆子女，很多酒，又有名

聲，而且總算得些清靜。可能的話，他甚至打算替自己蓋座園子。

突然，他想起如星球般沉默不語的亞特拉斯。霎時，嗡嗡聲又再響起，還是老地方，就在太陽穴旁邊。他舉手對頭猛敲一下，嗡嗡聲便停了。

黛安妮拉親手將汗衫包好，接著便走回房間，躺在赫丘力士爲兩人打造的床上。陽光透過窗戶射了進來，她突然聞到一股腐臭撲鼻而來。她向地板望去，發現一片溼透的毛皮掉在那裡。陽光的熱度讓毛皮灼燒腫脹成一大塊，不停冒著泡，毒氣

生成的煙霧瀰漫了整個房間。

黛安妮拉掙扎著離開房間。這時她才恍然，自己真的被納索斯騙了。汗衫不會讓赫丘力士死心塌地，而會殺了他。

她召來腳程最快的騎兵，命他把汗衫追回來。她發誓，赫丘力士若死了，她也不會獨活。她找了把刀，開始磨尖。

赫丘力士已經將祭壇準備妥當。他點燃聖火，後退幾步，準備換上乾淨的衣服。僕人遞上黛安妮拉送來的細緻汗衫，赫丘力士一面更衣，一面祈求諸神賜福給她。他在心裡發誓，黛安妮拉若是要他拋棄愛歐兒，他一定照辦。他發現自己有多麼愛她，發現他從未如此愛過一個人。愛歐兒是很可愛，但她不過是個小姑娘，要找還有的是。

他再度邁步往前，將乳香澆在火上，火焰高聳如塔。他沉浸在思緒當中，渾然不覺身後奴僕群中一陣騷動。黛安妮拉差來的騎兵趕到了，試著突破重圍接近赫丘力士，奴僕卻阻擋了他的去路。騎兵高喊：「赫丘力士！」但還是太遲了，赫丘力士轉身之際，火舌竄上汗衫，濃烈駭人的毒氣隨即逸出。赫丘力士大吼，試圖脫下汗衫，汗衫卻貼得更緊。最後他總算將身上的焦枯片片扒下，但扯下的卻是他的肌膚。

殺死赫丘力士的不是活人，是死去的敵人。

他想起這個預言。赫丘力士瘋狂朝大海奔去，口中不停大喊妻子的名字。黛安妮拉聽見他的呼吼，知道自己做了什麼，拿起刀子對準心臟就是一刺。

這時，希拉站在遙遠的彼方，臉上帶著嘲諷的微笑。赫丘力士終究死在自己的手上了，她知道他沒有第二條路。

11

汪！

亞特拉斯得知赫丘力士的死訊。這是他最後一次聽見奧林帕斯的消息。

沒人跟他說，老去的諸神已經消失無蹤，黑色十字架上的蒼白救世主改變了全世界。

對亞特拉斯來說，時間已經沓無意義。他在黑洞裡，事象地平線內，他就是奇異點⑮，他獨自一個。

水星環繞太陽一周只要八十八個地球天，自轉一周卻要一百七十六天。在水星，半天就是一年，那兒的時間又快又慢。

亞特拉斯的時間也是如此。對他來說，永恆和永不已經成了同一回事。億萬星辰、氣體和塵土因爲重力作用聚集在一起，組成了天體城市，而他是其中一員。現在，他是銀河的一部分。

在這座浩瀚城市裡，沒有兩個時鐘顯示的時間相同，約會是不可能的。水星只要幾天就能環繞太陽一周，土星卻需要將近二十九年。此外，行星也增加了。古希臘人並不知道新行星的存在。木星、海王星和冥王星步履之緩慢，根本不知時間爲何物。冥王星一年等於地球的兩百四十八年。冥王身爲地底世界的主宰，他沒什麼好急的。

亞特拉斯不知他在原地待了多久。

直到狗兒出現。

這是隻好狗，忠實、天眞、愛她的主人。就算主人將她關進小容器裡，還用繩子綁住不讓她動，她照樣乖乖聽話。她當

然會怕，但她信任主人，她是主人的狗。

西元一九五七年，俄國人將萊卡送上外太空，他們心知肚明，萊卡再也回不來了。七天後，自動皮下注射器會將毒藥打入萊卡體內，萊卡將待在史潑尼克人造衛星裡，繞著地球運轉，直到宇宙毀滅。

俄國人將艙門蓋上的時候，萊卡渾身發抖，口乾舌燥。太空船上有個水筒，俄國人教過她怎麼喝水。艙裡還有食物，但萊卡不要水也不要食物，她要主人。夜晚來臨，萬物靜寂，萊卡的要求始終沒有實現。

但萊卡很有耐心。爲了找到主人，就算走遍天涯海角，她也在所不辭。然而此刻她卻身在外太空。

亞特拉斯整個人沉浸在冥思當中，絲毫沒注意有個古怪的容器繞著他嗡嗡打轉。後來他總算發現有張小臉靠在厚厚的密封玻璃窗邊。他的心陡地一跳。是赫丘力士嗎？難道他化成了思緒？化成他唯一有過的思緒，就是那個「爲什麼」，那個他拚命拿頭撞磚牆希望卻除的念頭？

等怪容器再度轉回他面前，亞特拉斯從龐然重負下鬆脫一隻手，將容器抓住。怪容器停在他的掌中活像溫馴的小蟲，而且裡面還有東西。

亞特拉斯將史潑尼克人造衛星撬開，見到萊卡被綁，動彈不得，加上恐懼，渾身沾滿汗水和屎尿不說，還有幾處毛髮全

掉光了。亞特拉斯無比小心地將狗鬆綁，穩穩放在半空中，同時給牠水喝。

斑點大的狗在滿天星斗下舐著巨人的手。這時容器裡的注射針動了，準備注射毒液。不過太遲了，萊卡已經重獲自由。

亞特拉斯一掌掃開人造衛星，這馬口鐵包電線的蠢東西。至於萊卡則是顫巍巍地攀上他的手臂，找尋適合睡覺的地方。就在他髮稍末端，肩窩附近。

背上的世界到底多重，亞特拉斯早就沒感覺了，但此刻他卻能感覺到小狗的肌膚和骨骼。如今在他必須揹負的東西裡，總算有他希望保有的東西。一切就此改變。

12

界限

西元二〇〇一年三月二十三日星期五，清晨五點四十九分，太平洋。

米爾太空站回家了。

俄國人非常喜歡米爾太空站，他們即便再苦再窮，依然努力讓米爾高懸在外太空。他們不斷舉債，同時進行黑市交易，以支付所需的款項。打從第一顆人造衛星史潑尼克發射升空，俄國人就迷上了外太空。外太空還不是美國人的，或許有一天會是他們的。

又是一模一樣的故事——界限，渴望。

當米爾太空站於凌晨墜落太平洋之際，她在史上留了名，但是卻讓夢給逃走了。它就在那裡，繞著世界轉，不受地心引

力的限制。就像是夢想一樣的自由。

夢想什麼？

夢想自由。

地球大氣層從地表起算，向上延伸約一百公里。垂直上升個幾公里便能擺脫重力，不再有重量，只有浩瀚不可限量的時空大海。

這就是我們的所在：小小銀河系的螺旋臂上，環繞原恆星運轉的九顆行星之一。我們距離太陽一億五千萬公里，最外圍的冥王星距離六十億公里。冥王星又小又冷，是變動和死亡之

星，從來沒人造訪過。古希臘人肉眼所及，只到土星，於是土星對古希臘人和歷代占星學家來說，都是界限之星。一切到此爲止，這就是土星。它既是警告，也是界限。

但現在似乎不再有界限了。宇宙不再擁有中心，任何界限都能超越，就連每秒三十萬公里的光速都不再是宇宙速度的極限。只要扭曲空間，便能突破光速的障礙。

遲早我們會突破界線的。

我們已經登陸月球，也將小獵太2號送上火星。我們這一代對外太空的了解比誰都多，但我們頂多曉得，人類才剛開始認識外太空。我們有的只是略記、猶疑、瑣碎的事實和巨大的差距。

就像所有的夢境一樣，細節總是很奇怪。

亞特拉斯會想念米爾。他看著它已經好多年了，他們倆一起望著米爾瞧，米爾是他和小狗的電視機。

萊卡告訴亞特拉斯世上他未曾見過的一切。不消說，萊卡的世界停留在西元一九五七年的俄國，因此亞特拉斯仍以爲大家都吃甜菜根配蕪菁，氣溫只有零度上下，所有人全躲在水泥公寓裡瑟瑟發抖。

小狗告訴亞特拉斯，地球已經住滿了，上頭的居民很快就會住到外太空來。亞特拉斯已經習慣孤家寡人，實在不想見到一撮陌生人塞在小座艙裡，繞著他的頭打轉。他雖然是個囚犯，也有他的權利。

他們倆一起目睹了西元一九六九年的人類登月。亞特拉斯當時以為那些人穿著很可笑的衣服，是因為地球太冷了。他回想起陽光如何溫暖他的園子，而他總是赤腳在園裡走動。萊卡斬釘截鐵地告訴他，在俄國沒有人光腳走路。

「俄國在哪裡？」亞特拉斯問道。

「那裡。」萊卡說著，一邊搖動尾巴。

亞特拉斯環顧地球上的星羅棋布。所有陸塊不停分裂、再分裂，圖案卻始終不變：鑽石般燦藍的星球在太空中運轉，兩端覆蓋白雪。沒什麼能比地球更美。怒氣沖沖的火星戰神或雲霧遮面的金星維納斯都無法比擬，就連讓太陽風掃出尾巴的彗

星也相形見絀。
亞特拉斯突然有個奇特的念頭。
放下來吧。

13

渴望

關於選擇，我能說什麼呢？

這麼多故事裡，我選了這個來說，因爲只有它讓我收尾收得特別吃力。此刻所有片段都已安排妥當，就等最後一刻降臨。其實這最後一刻，我非但不只一次面臨，還面臨了許多次。我生來似乎不斷觸碰那樣的片刻，卻找不到任何答案。

我想將故事重講一遍。

所以我才會寫小說，好不停地說故事。我不斷回頭面對自己無法解決的問題，不是因爲我蠢，而是因爲眞實的問題是無法解決的。宇宙不斷擴張，我們見得越多，越發現還有更多要

看。

總是有新的開端，不同的結局。

父親參與了二次世界大戰的諾曼第登陸，而一九四〇年當時，我母親還是個年輕的婦人，他們夫妻倆上了年紀才收養我。我是在防毒面具和定量配給中長大的。他們似乎從來不曉得戰爭已經結束了，老是對陌生人起疑，從來不肯離家太遠。家對他們來說，不過是個私人的防空洞。

母親在戰時拿到一把左輪手槍，她藏在放抹布的抽屜裡。另外有六顆子彈摁在馬口鐵做的傢俱蠟罐裡，油亮亮的。情勢

壞的時候，她會取出槍和蠟罐擱在餐具櫃，似乎這樣就能放心了。

在母親挪動手槍的夜裡，我總會悄悄上床，點亮我的宇宙燈。我會在其中遊歷，從一個國家到另一個，有些是眞實的，有些是想像的，由我信步所至重塑世界。

每趟旅程都是生死攸關，協助我從悲慘的夜晚走向充滿希望的白晝。把燈點著就是讓世界繼續運轉，這是我自己的守夜祈福儀式。神聖的儀式，希望阻擋她，我和我們所熟悉的生活分崩離析，雖然機會如此渺茫——卻是我唯一擁有的。

我望著閃閃發光的球燈，總會想：要是我能把故事不停地說下去，讓故事沒有完結，就能爲自己殺出一條掙脫世界的活路。成爲自己筆下的角色使我有機會擺脫現實，而小孩遲早得否定兩個「事實」：母親和父親。要是你繼續相信父母親那一套，要講自己的故事可就難了。

我算是幸運的。我不讓父母親成爲我生命中的「事實」。他們那套故事我只能讀不能寫，我得自己把故事重講一遍。

我不信佛洛伊德那一套。我不認爲光是挖掘沉積在過去的回憶，便能發現斷層，也就是癥結所在。過去風化得太厲害，冰河時期啦，冰蝕啦，隕石撞擊啦，植物侵蝕啦，還有恐龍。

一道道沉積岩就像一張張書頁，層層紀錄著當時存在的生

物。只可惜，這樣的紀錄根本說不上完整……

母親說，人人都有自己的十字架要扛。她就像活在中世紀的人，揹著十字架踽踽獨行：她受鑿、挨刻、流血。她相信耶穌，卻不信耶穌揹負十字架的美德。她似乎忘了，耶穌已經爲我們扛了十字架，免去我們的軛。

在你體內都是些什麼？

沉寂的。時間。千年千年的光影構成的圖樣，在你體內。

星球是你太初的母親。

我對生身父母一無所知。他們寓居的DNA大陸，我遍尋不著。他們就像亞特蘭提斯大陸，所有存在的痕跡全都沉沒無蹤。他們是我的揣測，我的推斷，他們是神話。

我是他們倆確實存在的證據，是我僅有的證據。然而經過無數改寫的我，又算哪門子證據？寫在身上都是隱晦的符碼，唯有從特定的角度才看得見。

我不知道自己的出生日期，我不大確定實際的日期。既然生來不帶世界，我就自己造一個。

轉動星球。這些不存在地圖之上的無名陸塊究竟是什麼？世界不停演化，從生機盎然的液體，繼而形成一個個燃燒的圓

盤，有待冷卻播種。實驗充滿意外，時而有毒致命。地球美得令人屏息，又是充滿突變的地獄，它遊走於兩者之間。原始的生命形式經過漫長的時間才織就出智慧，但就算擁有智慧，生命依然怒氣沖沖。

對我來說，憤怒現在依然比寬恕根深蒂固。火紅熾熱的猛獸並未絕跡，我還爲牠們保留著侏儸紀森林，雖然隱匿著，但卻完好無缺。憤怒的巨獸依然置身林中，全身裝甲，齜牙咧嘴，怒氣騰騰。紫棕色的天空。

不用說，我當然是智人，起碼在紙上如此。

轉動星球。空氣中的含氧量低於百分之十五，我會動彈不

得；高於百分之二十五，我和世界都會起火燃燒。我的星球要自我平衡非常困難。我在兩極之間擺蕩，不停威脅著自己的穩定。我總是在自我毀滅的邊緣。

呼，吸。氧氣會引發癌症，也可能是壽命有限的原因。儘管如此，想靠憋氣來延長生命仍是不智之舉。

但大夥兒還不都這麼做了？我們要嘛拒斥氧氣，寧願在恍惚中慵懶躺臥，也不敢讓胸臆充滿危險的美麗；不然便像飛龍一樣四處噴火，毀滅自己所愛的世界。

我試著不讓怒火將世界燒光。

好難。

轉動星球。我剛創造它的時候，它小得跟顆球似的，肩上扛根桿子就挑得動。那時我就像初出茅廬的傻小子，無憂無慮，不曉得世界是用普朗克尺度在生長的⑯：起初小之又小，之後爆炸也似的膨脹。

星球膨脹，靠的是太陽釋出的能量。後來世界學會分解碳氫化合物，從此便有了自己的生命。

我總是拿它當水晶球，盯著它看，尋找與我有關的蛛絲馬跡。我喜歡它的獨立，它的未知，但它就像你生下的其他東西一樣越長越大，直到你再也扛它不動。

這會兒它就在我背上，巨大非常，而且還在不停膨脹，我

幾乎認不得了。對它，我既愛又恨。它不再是我，是它自己。在我一手打造的世界上，哪裡是我的立足之地？

我到底在世界的哪裡？

五十億年前，後來形成太陽和行星的物質，當時只是一大團塵土，人稱太陽星雲。太陽星雲除了輕元素，如氫、氦之外，也有較重的元素。宇宙初期有些短命星球，較重的元素便是從那兒給拋甩出來的。震波和星球爆炸讓星雲開始收縮，最後生成由原恆星組成的銀河。

其中一顆原恆星又再收縮成爲原型太陽。太陽周圍是氣體

和沙塵，慢慢集中變成扁平狀的圓盤，同時不停旋轉。之後數千年左右，圓盤慢慢冷卻，開始凝結出固態的物質微粒。圓盤的熾熱內部是矽酸鹽岩，往外是水凝成的冰，再往外是固態甲烷。固態物質微粒慢慢凝塑成幾公里長的堆塊，相互碰撞碎裂，有的瓦解，有的融合形成星球。

距離太陽最近的四顆行星，水星、金星、火星和地球都是佈滿岩石的小型世界。再往外四顆行星，木星、土星、天王星和海王星則是氣體巨無霸。至於冥王星，與其說是行星，不如說是衛星。這麼多星球，就只有地球擁有生命。原生的、幾近的、可能的生命。地球是這麼渴求生命，終於得著生命。

燈仍然在我身旁亮著，我還在原地不動。不停旋轉發光的球燈轉個不停，倚身在我的界限之上。

哪來的界限？根本沒有界限。故事以光速移動，也像光一樣曲折。沒有直線存在。書頁上的字句排得又直又順，那是騙人的，外太空用的是另一套幾何。外太空不走直線，物質和現實都因爲光而曲折。

如果我老早知道完整、完美而唯一的地球是故事就好了。科學是故事，歷史是故事，我們跟自己說這些故事，好讓自己變得眞實。

我是什麼？原子。

什麼是原子？空間和光點。

什麼是光速？每秒三十萬公里。

什麼是秒？這得看你在宇宙的哪一點對錶而定。

且讓我從自己手造的世界底下爬出來。它再也不需要我了，但說也奇怪，我也不需要它了。我不再需要這份重擔，讓它去吧，不可能沒有猶豫或悔恨，但還是讓它去吧。

我想把故事重講一遍。

14

我想把故事重講一遍

這顆佈滿輻射岩的動盪星球，從很久前便學著成爲萬物的歸宿。亞特拉斯愛著地球，他愛土壤在他指間翻動，他愛春天萬物萌芽，秋天緩緩結實。地球不停變化。

現在地球依然在變，亞特拉斯卻動也不動。他感覺傾斜的地軸在他肩胛骨上悠悠打轉。他用盡全力扛住世界，幾乎不再識得移動的滋味。稍稍挪動身軀，讓自己舒服一點，根本微不足道。龐大的重擔主宰一切。

爲什麼？

爲什麼不放手？

亞特拉斯將手從世界的兩側抽出來。沒事。

亞特拉斯雙手下垂，兩掌放在宇宙的地板上，或佈滿星辰的天花板上？我不大清楚。他伸展左腿，讓自己四肢貼地跪著。宇宙停在他的背上，萊卡在他張開的指間繞來繞去，牠從來沒見過主人移動。

亞特拉斯往前爬，接著突然平趴在地，雙手摀住耳朵。小狗攀住他的大拇指。亞特拉斯在等。可能到來的毀滅讓他全身僵硬。狗將鼻子藏在腳掌裡，牠也在等。

沒事。

說更大聲點——沒事。

亞特拉斯抬頭，轉身起立，退後幾步。就在那兒。

小狗抬起鼻子，亞特拉斯回頭看背上的重擔。什麼也沒了。只有發著藍光，鑽石般璀璨的地球點綴在一望無際的太空中。

我們看得見的宇宙，只是其中的一部分。

有些物質唯有靠它對銀河運轉產生的重力效應，方能探知其存在。這樣的物質稱爲暗物質。沒有人知道暗物質的構成，它可能是一般常見的天體，例如棕矮星之類的小星球，也可能是黑洞。

有可能是亞特拉斯舉起了整個宇宙。

但我想是亞特拉斯和萊卡就這麼走掉了。

註釋

①紀元，地質紀年單位，十億年爲一紀元。

②Hadean period。Hadean 亦可譯爲「超古代」。

③Temenos，古希臘文，意爲「神聖之地」。

④Medusa，古希臘神話中的蛇髮女妖，人只要正面看她，就會變成石頭。

⑤Delphi，古希臘太陽神阿波羅的神殿，爲能預卜未來的神諭之地。

⑥Eurystheus，赫丘力士的表兄，麥錫尼的國王。

⑦Nemean Lion，據說牠是月亮掉下來的隕石所變成的，一直在破壞科林斯附近的鄉村，牠刀槍不入，可以稱得上是一隻不死魔獸。

⑧Hydra，勒納湖中的九頭蛇。

⑨Augean Stable，歐勤恩是古希臘厄利斯的國王，他有一個極大的牛圈，裡面養了二〇〇〇頭牛，三十年來未掃過，糞便堆積如山，十分骯髒，因此歐勤恩的牛圈就是骯髒到了極點的地方的意思。

⑩Stymphalian，這種鳥身大如鶴，外觀如鸛，棲息在史蒂弗拉斯的湖邊，據說牠的翅膀，鳥喙和鳥爪都如鐵一般堅硬，常常會用翅膀攻擊人。

⑪Cretan，會噴火的兇猛公牛，在克里特島作亂。

⑫Geryon，捷力昂是長了三個軀體和一雙翅膀的巨人，他養了一群紅色的牛，最後這些牛都被赫丘力士盜走，捷力昂也被

殺了。

⑬英語稱「銀河」爲milky way，直譯爲「乳汁流成的路」。

⑭Chiron，人頭馬身，具有不死能力的醫者與智者。

⑮黑洞形成後，任何物質只要越過黑洞邊界，便只進不出，禁錮其中，同時向中心聚縮，凝成一個質點，此即「奇異點」(singularity)。而黑洞的邊界便是「事件視界」(event horizon)。

⑯宇宙生成初期，物質非常集中，溫度和密度極高，此時古典力學不再適用，須改用量子力學，並採用新的度量單位，此即「普朗克尺度」。

國家圖書館出版品預行編目資料

重擔／珍奈.溫特森(Jeanette Winterson)著；
穆卓芸譯.-- 初版.-- 臺北市：
大塊文化，2005 [民 94]
面：　　公分.-- (Myth ; 3)
譯自：Weight:The Myth of Atlas and Heracles
ISBN　986-7291-75-1(平裝)

1. 神話-希臘
284.95　　　　94018610

LOCUS

LOCUS

LOCUS

LOCUS

LOCUS

L O C U S